Nos tempos qu[e atravessamos—tempos de confusão no seio] da Igreja—ond[e se exerce enorme pressão sobre os] sacerdotes e fiéis para os forçar a colaborar no processo de enfraquecimento da integridade da Fé e da Sagrada Liturgia—o presente livro do Dr. Peter Kwasniewski oferece um valioso e oportuno esclarecimento teológico sobre o significado autêntico da obediência. Este tratado irá trazer paz de consciência a muitas almas perplexas e confirmará a sua fidelidade à tradição doutrinal e litúrgica perene da Santa Madre Igreja.

—Reverendíssimo Athanasius Schneider
Bispo Auxiliar da Arquidiocese de Santa Maria em Astana

Vivemos em tempos sem precedentes, não vistos desde a Crucificação de Cristo. A Divina Providência determinou que cada um de nós vivesse em tais tempos, durante os quais a Igreja sofre a sua Paixão enquanto Cristo Místico. Como devemos discernir entre a obediência a Deus e a obediência aos homens, quando os que têm autoridade eclesiástica recusam ser subservientes a Deus e perderam a nossa confiança? Este maravilhoso tratado fornece princípios sólidos para o nosso discernimento, especialmente relevantes face aos novos ataques à tradição Católica, e reforçará a nossa determinação em obedecer a Deus em todas as coisas.

—P. John Paul Echert, SSL
Pontifício Instituto Bíblico

O nosso amoroso e gentil Salvador dirigiu estas palavras aos líderes religiosos da sua época: "Mas, ai de vós, escribas e fariseus, hipócritas! pois que fechais aos homens o reino dos céus; e, nem vós entrais, nem deixais entrar aos que estão entrando. Ai de vós, escribas e fariseus, hipócritas! pois que percorreis o mar e a terra, para fazer um prosélito; e, depois de o terdes feito, o fazeis filho do inferno, duas vezes mais do que vós." (Mt 23,13.15). O Dr. Kwasniewski, pelo amor à Verdade, escreveu este tratado no espírito da própria Verdade, por amor de Deus e da Sua Igreja. Estou extremamente grata que tal filho da Igreja nos assista neste momento tão difícil, para sabermos como responder aos muitos ditames falsos e despropositados de vários membros da Sua hierarquia. Considero que *A Verdadeira Obediência na Igreja* não é apenas leitura obrigatória, mas um bálsamo de clareza para os Fiéis.

—**Madre Miriam do Cordeiro de Deus, O.S.B.**
Anfitriã de *Mother Miriam Live!*
e Fundadora das Filhas de Maria,
Mãe da Esperança de Israel

Esta é o tipo de obra que tenho vindo a esperar do Dr. Kwasniewski: Cuidadosa, atenciosa, rigorosa, académica mas acessível, e digna de mais consideração, oração e acção. Por favor dedique algum tempo à leitura aprofundada desta obra e partilhe-a com outros. Poderá ser o início de uma conversa mais longa que os fiéis Católicos necessitam urgentemente de ter.

—**P. Robert McTeigue, S.J., Ph.D.**
Autor de *Real Philosophy for Real People:*
***Tools for Truthful Living* e anfitrião de The Catholic Current**

Quando se trata de obediência, os seres humanos são propensos a cair num de dois erros opostos: obedecer apenas quando lhes apetece (ou quando coagidos por sanções imediatas) ou dar a um homem uma obediência que é devida apenas a Deus. Como podemos evitar estes dois vícios? Seguindo os ensinamentos de São Tomás de Aquino, Peter Kwasniewski apresenta princípios intemporais que nos podem ajudar a navegar o estreito da verdadeira obediência em tempos difíceis.

—**P. Thomas Crean, O.P.**
Autor de *The Mass and the Saints*

Enquanto estudioso de S. John Henry Newman, fiquei encantado quando soube que o Dr. Kwasniewski estava a escrever o seu próprio "tratado para esta época", desenvolvendo a excelente palestra que proferiu na *Catholic Identity Conference*. Sendo eu próprio um padre cancelado, saltei do meu lugar em aplausos quando o bom doutor terminou a sua palestra na CIC. Explicar tão sucintamente os limites da obediência é uma consolaçao para padres cancelados, que são frequentemente criticados por "não serem obedientes". Estas palavaras ressoaram nos meus ouvidos: "Retirando-se a verdade, retira-se o amor; retirando-se o amor, retira-se a raiz da obediência". Recomendo vivamente esta obra, tanto para o clero como para leigos.

—P. John P. Lovell
Co-founder, The Coalition for Canceled Priests

Como antigo clérigo anglicano idoso e agora padre Católico, considero desconcertante o ataque ao uso autêntico do Rito Romano, implícito no *Traditionis Custodes* do Papa Francisco. Na década de 1960, quando fui ordenado, os melhores estudiosos litúrgicos anglicanos tinham chegado a um consenso de que o cânone romano era um dom dos primeiros séculos da Igreja, através da Santa Tradição. A sua substituição era considerada inconcebível. Nem mesmo um papa poderia adulterá-la legalmente. O Professor Kwasniewski demonstra com cuidados escrupulosos a obrigação que nos é imposta por Deus de O obedecer acima de qualquer homem cuja vontade nos afaste d'Ele, seja até mesmo um papa. A sua exposição do ensinamento Católico sobre a obediência é um relato preciso e lúcido que, tenho a certeza, irá ajudar e encorajar muitos, clero e leigos, que estão perturbados com a situação actual na Igreja Católica.

—P. John Hunwicke

A Verdadeira Obediência na Igreja

Livros relacionados da autoria de Peter Kwasniewski

Resurgent in the Midst of Crisis
Noble Beauty, Transcendent Holiness
Tradition and Sanity
Reclaiming Our Roman Catholic Birthright
The Holy Bread of Eternal Life
Ministers of Christ
A Reader in Catholic Social Teaching
Newman on Worship, Reverence, and Ritual
And Rightly So: Selected Letters and Articles of Neil McCaffrey
Are Canonizations Infallible?
From Benedict's Peace to Francis's War

Peter Kwasniewski

A Verdadeira Obediência na Igreja
Um Guia para Discernimento em Tempos Conturbados

Os Justi
Press

Copyright © 2021 by Peter Kwasniewski

Printed in the United States of America.

All rights reserved.

Cover photograph by Cynthia Ostrowski.

Os Justi Press
Lincoln, NE

Inquiries to
www.peterkwasniewski.com/osjusti
or professorkwasniewski@gmail.com

Paperback ISBN: 9798840709047

First edition

"Até ao clímax final, poderão surgir santos que, usando correctamente a sua liberdade, orientarão as suas gerações para a verdadeira luz, para o bem de muitas almas".

"E por implicação, também poderão surgir aqueles que governam sabiamente".

"É possível, se houver conversão do coração. No entanto, o coração por si só não é suficiente. Deve haver uma verdade radiante na mente, e para isso, creio eu, é necessária uma iluminação da consciência".

—Michael O'Brien,
diálogo de *The Sabbatical*

A verdadeira obediência é a obediência de uma pessoa que, obedecendo, é capaz de elevar a sua vontade até à de Deus e de a unir com esta última. A falsa obediência é a de uma pessoa que diviniza o homem que representa a autoridade e aceita as suas ordens ilegítimas.

—Roberto de Mattei

Índice

Prefácio ix

A Verdadeira Obediência na Igreja. 1

    A obediência como uma virtude suprema,
modelada por Cristo 2

    A estrutura e as restrições da obediência. 5

    A hierarquia das autoridades 10

    A relação intrínseca entre a autoridade
e o bem comum. 14

    A liturgia tradicional como inerente ao
bem comum da Igreja. 19

    O Papa que se coloca contra o bem comum 28

    O *sensus fidelium* e a resistência da
consciência Católica 35

Não somos os revolucionários
nem os desobedientes. 43

Estai firme e retende 49

Leitura Adicional. 57

Notas Finais 63

Sobre o Autor. 91

Prefácio

Uma versão anterior deste texto foi apresentada como palestra na *CatholicIdentity Conference* em Pittsburgh, a 2 de Outubro de 2021. Foi aumentada consideravelmente para publicação. Optei por notas finais em vez de notas de rodapé, tendo em vista uma apresentação ordenada e leitura facilitada, uma vez que alguns leitores poderão preferir, numa primeira leitura, saltar as notas para se manterem concentrados no argumento principal. Contudo, encorajaria tais leitores a voltar atrás e a fazer um estudo das extensas notas, que desenvolvem argumentos feitos no texto principal e os apoiam com referências. Para evitar a confusão desagradável de hiperligações, a maioria das fontes da Internet foram referidas muito simplesmente pelo autor, título da obra, título do *site*, e data; poderão encontrá-los com uma simples pesquisa online. A secção "Leitura Adicional" fornece uma bibliografia narrativa para aqueles que desejam aprofundar as muitas questões levantadas nestas páginas.

A Verdadeira Obediência na Igreja

Gostaria de expressar os meus agradecimentos à equipa do *Sophia Institute Press* que me encorajou a publicar este folheto e que rapidamente o publicou; a vários sacerdotes e leigos que se dispuseram a ler várias versões do texto e contribuiram com muitas sugestões úteis; e, por fim, aos muitos fiéis Católicos que estão preparados para "combater o bom combate" da preservação e transmissão da Tradição Católica, aconteça o que acontecer. Tal como o nosso culto tradicional, também a nossa obediência deve ser prestada "em espírito e em verdade", com fé firme, recta razão e consciência tranquila.

A Verdadeira Obediência na Igreja
Um Guia para Discernimento em Tempos Conturbados

Um amigo contou-me uma vez que, sendo aluno de pós-graduação na Harvard Divinity School, se encontrou perante o corpo docente de modo a apresentar a ideia que tinha para uma tese de doutoramento: a obediência de Jesus no Evangelho de João. Houve um momento de pausa e um dos professores catedráticos, um liberal conhecido, inclinou-se para a frente e disse: "Este é um tema inaceitável. A obediência é a raiz de todos os males".

Este professor catedrático era um alemão que tinha vivido os horrores do nacional-socialismo, quando milhões de cidadãos suprimiram a voz das suas consciências e seguiram um ditador louco até um desastre horrível, em nome da obediência ao líder, ao povo, e à nação. A atitude do professor foi, por essa razão, compreensível. A mesma atitude é compreensível hoje em dia na Igreja Católica, quando a exposição da corrupção dos prelados a todos os níveis, associada a repetidos exercícios abusivos de poder, leva os fiéis a recusar não só o financiamento, mas também a cooperação moral e o consentimento intelectual. "Obediência a *eles*? Está a brincar?" pode tornar-se um refrão comum.

A obediência tem muitas vezes má fama devido ao abuso de autoridade e à confiança equivocada. Na esfera política, acontece muitas vezes que a autoridade não tem sido orientada para o bem comum, mas para o bem privado dos políticos ou grupos de interesse, um fenómeno sempre crescente na política americana. Algo parecido pode ser visto na forma como alguns prelados, superiores religiosos ou maridos e pais têm governado mais para seu próprio conforto e conveniência do que para o bem genuíno dos seus subalternos. A ascensão do liberalismo (incluindo o feminismo) é, pelo menos em parte, uma reacção contra abusos reais, mesmo quando o Protestantismo, avô do liberalismo moderno, justificou a sua dissidência face aos terríveis abusos religiosos e laxismo moral de uma Cristandade medieval tardia. Tomando tudo isto em conjunto com o fascismo e o comunismo do século XX, talvez não nos surpreenda a generalização do professor de Harvard, pois a obediência cega àqueles que reclamam poder sobre as almas pode ser uma coisa terrível.

A obediência como uma virtude suprema, modelada por Cristo

No entanto, devemos ter o cuidado de não "deitar fora o bebé com a água do banho". A afirmação de que "a obediência é a

A obediência como uma virtude suprema

raiz de todos os males" expressa a própria atitude da modernidade. O chamado Iluminismo nasceu do desejo de ver-se *livre da autoridade*, de "pensar por si próprio" e de não ter qualquer relação de dependência com mais ninguém—em suma, de ser deus do seu próprio mundo. Encontramos Immanuel Kant a dizer no seu pequeno ensaio "O que é o Iluminismo?"[1] que o homem só pode ser livre se estiver livre de todos e se ousar pensar *por* si próprio, *para* si próprio (*aude sapere*); enquanto for dependente de outrem, é escravo. Tais pensamentos fluem da mesma ilusão destrutiva que o homem caído sempre entreteve após a desobediência fatal de Adão e Eva. Embora vestida com o traje elegante de Königsberg, a posição de Kant não difere em nada da da serpente no jardim do Éden.

A verdade é muito diferente. Como diz São Tomás de Aquino na sua bela obra *Sobre a Perfeição da Vida Espiritual*,[2] a obediência é a resposta adequada da criatura, que é um servo por natureza e por graça; é o caminho de quem conhece a sua dependência dos outros para alcançar o seu fim, que compreende a primazia do seu Criador e Senhor e confia na ordem estabelecida pela Providência Divina. Ao obedecer humildemente a Deus e aos Seus representantes na terra, o homem nega a ilusão de autonomia e entra na liberdade dos filhos de Deus que são guiados pelo *Seu* Espírito de amor, e não pelos seus próprios desejos, que facilmente se equivocam. De facto, Aquino diz que o homem faz uma oferta *perfeita* de si mesmo, não renunciando aos bens externos, nem mesmo renunciando aos laços familiares e ao casamento, mas apenas renunciando à sua própria vontade.

A Verdadeira Obediência na Igreja

O arquétipo desta obediência libertadora é Nosso Senhor, sobre o qual S. Paulo diz:

> De sorte que haja em vós o mesmo sentimento que houve também em Cristo Jesus, Que, sendo em forma de Deus, não teve por usurpação ser igual a Deus, Mas aniquilou-se a si mesmo, tomando a forma de servo, fazendo-se semelhante aos homens; E, achado na forma de homem, humilhou-se a si mesmo, *sendo obediente até à morte*, e morte de cruz. Pelo que, também, Deus o exaltou soberanamente, e lhe deu um nome que é sobre todo o nome; Para que, ao nome de Jesus, se dobre todo o joelho dos que estão nos céus, e na terra, e debaixo da terra, E toda a língua confesse que Jesus Cristo é o Senhor, para a glória de Deus Pai. (Fil. 2,5-11)

Surpreendentemente, o Filho de Deus, que é igual ao Pai e ao Espírito Santo na sua única natureza divina, ainda assim submeteu-Se às humilhações da nossa condição humana caída quando escondeu a Sua glória assumindo a forma e o papel de servo e abraçando por obediência a mais humilhante tortura e morte, para nos remir dos nossos pecados e dos castigos que eles nos mereceram; e permitiu que tudo isto acontecesse pelas mãos das autoridades religiosas e políticas da Sua época. Deste modo, Cristo assumiu e divinizou o nosso dever de subordinação e submissão aos que Deus colocou acima de nós; e por isso, Ele foi exaltado sumamente.

Nosso Senhor Jesus Cristo apresenta-nos a estrada mestra da obediência que sempre foi proposta pelos grandes santos:

A estrutura e as restrições da obediência

por São Paulo nas suas muitas cartas; por São Bento na sua *Santa Regra*; pelos Padres do Deserto e os Padres da Igreja; por Tomás à Kempis na *Imitação de Cristo*; pelos mestres carmelitas como Santa Teresa de Jesus e São João da Cruz; e a lista continua.[3] Além disso, os ritos litúrgicos tradicionais do Oriente e do Ocidente oferecem-nos um modelo e uma escola perfeita de obediência, porque apresentam uma ordem completa de culto, até à última oração, canto e cerimónia; pedem aos ministros que se submetam a esta ordem, que a "vistam" do mesmo modo como vestem os seus paramentos e que lhe obedeçam totalmente de modo que a sua individualidade desapareça e a primazia de Cristo—o Eterno Sumo Sacerdote—passe para primeiro plano. O Senhor usa os Seus ministros ordenados como Seus instrumentos racionais, da mesma forma como um compositor e um maestro empregam os músicos de uma orquestra para extrair a beleza de uma partitura musical.[4] A liturgia tradicional exemplifica a virtude da obediência ao fazer o padre obedecer às rubricas rigorosas e abrangentes, não lhe dando opções, nem nenhum espaço para improvisos espontâneos, nem qualquer flexibilidade de movimento deixada em aberto. Ele humilha-se, assume a Cruz, e segue Cristo até ao Calvário.

A estrutura e as restrições da obediência

Dito isto, porém, deparamo-nos imediatamente com um problema—o mesmo problema no qual o experiente professor de Harvard colocou o dedo, ainda que com um embaraçoso

A Verdadeira Obediência na Igreja

exagero. Evidentemente, a obediência de um homem a outro não é, nem nunca poderá ser, incondicional ou, para usar a linguagem mais comum, "cega". Portanto, o resto deste curto tratado será sobre os limites da obediência e quando se justifica desobedecer a uma ordem ou a uma decisão de um superior dentro de uma hierarquia terrena, incluindo—e especialmente—dentro da Igreja Católica.

Temos de começar por ver que não é a *obediência* que vem em primeiro lugar, mas sim a *verdade* e a *caridade*; e é por isso que a obediência, correctamente entendida, não é cega. Na ordem do ser, há primeiro a verdade e o amor a esta verdade; posteriormente, a obediência, que é a única resposta apropriada à verdade, a única resposta apropriada da vontade à verdade que deve ser amada por si mesma. Retirando-se a verdade, retira-se o amor; retirando-se o amor, retira-se a raiz da obediência.[5] O Novo Testamento insiste na obediência aos mandamentos do Senhor como manifestação da verdadeira caridade.[6]

Na vida cristã, Deus coloca-nos certas obrigações, de acordo com vocações definidas. Quando um homem e uma mulher se casam, aceitam os deveres do seu estado de vida; precisam de fazer tudo o que Deus lhes pede como cônjuges e pais. Isto não é de modo algum fácil, mas é um exemplo claro e concreto da obediência em acção e a experiência dos santos tem mostrado que esta obediência à vocação de cada um é libertadora. As obrigações baseiam-se na natureza do estado de vida: os casados têm obrigações derivadas do direito natural e do direito divino aos quais não se podem furtar com justiça.

A estrutura e as restrições da obediência

Isto coloca limites divinos, por exemplo, ao que um marido pode exigir da sua esposa ou ao que os pais podem exigir dos seus filhos. A relação de superior e subordinado tem sempre lugar dentro do contexto da vontade revelada de Deus, tal como foi ensinada, com autoridade, pela Igreja.

Para além do dever do nosso estado de vida, somos chamados a dar obediência a toda a autoridade legítima derivada de Deus e exercida, pelo menos obliquamente, em Seu nome. Na afirmação concisa encontrada (com formulação ligeiramente diferente) em inúmeros catecismos Católicos diferentes publicados ao longo dos séculos: "O que é ordenado pelo quarto mandamento? Amar, honrar, e obedecer aos pais e superiores.... Porque não há poder que vem senão de Deus, e aqueles que o são [superiores], são ordenados por Deus".[7] Basta dizer que quanto mais próximo se está do próprio Jesus e da sua Noiva Imaculada, a Igreja Católica, mais absoluta é a obediência devida; quanto mais longe, mais qualificado e necessário é o juízo prudencial. Nunca haverá um caso em que o exercício da prudência não esteja de todo envolvido, pelo menos no sentido de nos dar luz verde para prosseguirmos com qualquer linha de acção que nos tenha sido proposta.[8] Temos de verificar, no mínimo, que não contradiga de forma óbvia um bem com o qual temos um compromisso prévio mais definitivo.

Os Católicos devem aos seus superiores na Igreja obediência livre, inteligente e conscienciosa. O que é que isso significa? Para que a obediência possa ser dada, existem duas condições fundamentais que devem estar sempre presentes, quer explícita quer implicitamente.

A Verdadeira Obediência na Igreja

Primeiramente, confiança. A confiança baseia-se na crença de que o superior nos ama com caridade cristã e deseja o nosso bem; ou no mínimo não procura o nosso prejuízo ou a nossa destruição.[9] As crianças pequenas têm esta confiança muito naturalmente para com os seus pais, o que na maioria dos casos é plenamente justificada pelo afecto que os pais têm pelas crianças. É por isso que a obediência, embora difícil para a natureza humana decaída, é natural e óbvia o suficiente dentro da família. Mas sabemos, infelizmente, que numa família na qual existem abusos, em que uma criança vê que um dos pais a está a prejudicar ou a tentar prejudicar, a confiança é minada e, portanto, desaparece uma condição essencial para a obediência da criança aos pais.

Em segundo lugar, há o que se poderá chamar de *subordinação legítima*. Isto significa duas coisas. Em primeiro lugar, significa que o próprio superior é obediente a uma autoridade superior. O superior deve sujeitar-se a Deus: à lei divina e à lei natural. Mas deve também respeitar os costumes e a tradição, especialmente dentro da Igreja, onde estas coisas têm força de lei.[10] Segundo, significa que o inferior está sujeito ao superior apenas nas matérias sobre as quais o superior tem discrição ou domínio, e que o inferior tem a capacidade de ver quando o superior está ou poderá estar a transgredir os limites da sua própria posição.

Apenas Deus, sendo suprema e infinitamente bom, sendo o próprio Amor, merece obediência absoluta e incondicional, porque Ele é digno de toda a nossa confiança; Ele não tem superior, mas é Ele próprio a fonte, modelo e rectidão de

A estrutura e as restrições da obediência

todos os superiores e nunca quer outra coisa que não seja o nosso bem.

Um aspecto crucial da confiança num superior é ter confiança de que ele está a dizer a verdade. Mais uma vez, podemos normalmente presumir que alguém nos está a dizer a verdade, a menos que as circunstâncias apontem fortemente para a conclusão de que nos estão a mentir ou a manipular. Se tivermos uma suspeita bem fundamentada de que um superior está a mentir em qualquer assunto que tenha a ver com a nossa salvação, é fundamentado algum cepticismo em relação a ele e ao que exige.[11] Um problema semelhante é que devemos ter uma confiança básica de que o superior não esteja a ser enganado ou manipulado pelo seu próprio superior ou pelos seus conselheiros. Mais uma vez, não há razão para assumir que isto esteja a acontecer, mas há alturas em que é evidente que alguém foi mal ou falsamente informado. Acções que derivam de falsidade podem ser terrivelmente destrutivas e devem ser resistidas na proporção dos danos que causam ou ameaçam causar. Também aqui, só Deus é a verdade perfeita, incapaz de enganar ou de ser enganado, por isso o que procede da boca de Deus é sempre verdade e nunca pode ser posto em causa. Quando os Seus representantes proclamam a Sua verdade, ou quando fazem uma determinação sobre algo que de outra forma é neutro, devemos aceitá-la sem hesitação ou escrúpulos. Mas quando eles fazem uma determinação que parece contrária a alguma verdade que já conhecemos pela razão ou pela fé, então não temos outra escolha senão recusar aceitá-la ou cumpri-la.[12]

A Verdadeira Obediência na Igreja

A obediência, portanto, não é dada no vazio. Embora seja uma obrigação para um inferior (como tal) obedecer a um superior (como tal), esta obrigação depende da presença das condições precedentes. Relativamente a esta matéria podemos citar as palavras simples do Arcebispo Charles J. Chaput, O.F.M. Cap:

> A obediência cristã nunca é uma forma de servilismo irreflectido. Temos cérebros por alguma razão. A obediência cristã é um acto de amor. É um dom gratuito de si, e quando a obediência à autoridade se torna mecânica e excessiva, ou pior, se serve um mau fim, esmaga o espírito. Todo o amor real—e especialmente o amor no âmago de uma obediência saudável—é ordenado à verdade.... A vida na Igreja não é diferente. Quando a autoridade se mina a ela própria pela corrupção, falsidade, ambiguidade, brutalidade, cobardia ou má gestão, a fidelidade à verdade exige que os cristãos fiéis lhe resistam e a desafiem.[13]

A hierarquia das autoridades

O que devemos compreender é que a obediência é bela *porque é sempre obediência a DEUS, seja imediata ou mediatamente*. Por exemplo, quando adoro a Deus no Dia do Senhor, faço-o por obediência directa a Ele, porque nos foi entregue por Ele a lei divina que diz que devemos reservar um dia da semana para O adorarmos. Quando obedeço aos pastores da Igreja, assistindo à Missa de Domingo, estou também a obedecer

A hierarquia das autoridades

a Deus mas indirectamente, porque foram os pastores que governam em Seu nome que estabeleceram essa determinação particular do preceito. Da mesma forma, quando obedeço à autoridade civil legitimamente constituída, é porque recebe a sua autoridade de Deus—não do povo. Segundo o Papa Leão XIII, aquele a quem devemos obedecer sempre—o único a quem acabamos por obedecer—é o próprio Deus. Seria desmerecedor da dignidade humana, diz ele, que um homem tivesse de se submeter a outro homem igual a ele em natureza; a menos que o governante governasse em nome de Deus e pela Sua autoridade, pois nesse caso estaríamos a dar o nosso consentimento a Deus através do Seu ministro.[14]

As implicações deste argumento são espantosas. Compreendemos imediatamente porque é que qualquer ser humano, independentemente da sua posição na Igreja ou no Estado, só deve ser obedecido se e quando o que ele ordena estiver em harmonia com a lei de Deus, ou, pelo menos, não se lhe opuser de forma evidente. Se uma lei civil ou uma lei eclesiástica estiver em desacordo com a lei divina ou a lei natural (que é a participação da criatura racional na lei eterna da mente de Deus), então o princípio memoravelmente enunciado nos Actos dos Apóstolos entra em vigor: "Devemos obedecer a Deus e não aos homens". Se alguém tiver uma *dúvida* séria e bem fundamentada sobre se a ordem humana é compatível com a lei divina ou natural, não deve obedecê-la. Dizer o contrário seria dizer que num caso em que tememos estar a cometer um pecado mortal, ou mesmo um pecado venial, devemos ir em frente e fazê-lo para não ofender o nosso superior.

A Verdadeira Obediência na Igreja

Assim, a obediência a qualquer pessoa excepto a Deus não é um absoluto e não existe no vazio. Há condições para a sua existência, níveis em que opera e limites. Uma análise sólida e sóbria desta questão é dada por São Tomás de Aquino na sua *Summa theologiae*.[15] De acordo com Aquino, pertence à ordem divina que o governo é exercido não só por Deus, cuja vontade está sempre de acordo com a sabedoria, mas também pelos Seus representantes, cuja vontade pode nem sempre estar certa: "Está escrito (Actos 5,29): *Mais importa obedecer a Deus do que aos homens*. Por vezes, as coisas ordenadas por um superior são contra Deus. Portanto, os superiores não devem ser obedecidos em todas as coisas."[16] São Tomás explica:

> Há duas razões pelas quais um subalterno pode não estar obrigado a obedecer ao seu superior em todas as coisas. Em primeiro lugar, por causa da ordem de um poder superior. Pois como diz uma glosa de Romanos 13,2, "Os que resistem ao poder, resistem à ordenança de Deus": "Se um comissário emitir uma ordem, será que deveis obedecer, se for contrário à ordem do procônsul? Mais uma vez, se o procônsul ordenar uma coisa e o imperador outra, hesitareis em ignorar o primeiro para servir este último? Portanto, se o imperador ordena uma coisa e Deus a outra, tendes de desrespeitar o primeiro e obedecer a Deus" (cf. Santo Agostinho, *De Verb. Dom.*viii). Em segundo lugar, um subalterno não é obrigado a obedecer ao seu superior se este último lhe ordenar que faça algo em que não lhe esteja sujeito.[17]

A *hierarquia das autoridades*

Esclarecendo melhor, o Doutor Angélico escreve:

> O homem está sujeito a Deus em relação a todas as coisas, tanto internas como externas, pelo que é obrigado a obedecer-Lhe em todas as coisas. Por outro lado, os inferiores não estão sujeitos aos seus superiores em todas as coisas, mas apenas em certas coisas e de uma forma particular, em relação às quais o superior se situa entre Deus e os seus subalternos; enquanto que em relação a outras matérias o sujeito está imediatamente sob Deus, por Quem é ensinado, seja pela lei natural seja pela lei escrita.[18]

Assim, Aquino distingue entre três tipos de obediência: uma que é "suficiente" para a salvação, onde se obedece ao que se deve; outra que é "perfeita", pela qual um religioso se compromete a obedecer a todas as ordens legais que lhe são dadas, por mais onerosas ou desagradáveis que sejam; e finalmente, "obediência indiscreta", que "obedece mesmo em matérias ilegais".[19] Explicando por que razão nem toda a desobediência é um pecado, ele escreve: "Embora um homem deva ter o cuidado de obedecer a cada superior, é um dever maior obedecer a uma autoridade superior do que a uma autoridade inferior, em sinal do qual a ordem de uma autoridade inferior é posta de lado se for contrária à ordem de uma autoridade superior".[20] Esse grande Tomista, Leão XIII, faz eco do seu mestre quando diz na sua encíclica *Diuturnum Illud*:

> Não há razão para que aqueles que assim se comportam sejam acusados de recusar a obediência; pois, se

a vontade dos governantes se opõe à vontade e às leis de Deus, eles próprios excedem os limites do seu próprio poder e pervertem a justiça; então nem pode a sua autoridade ser válida, pois onde não há justiça, a autoridade é nula. (n. 15)

Na sua encíclica *Libertas Praestantissimum* Leo XIII reforça este argumento:

Suponhamos, pois, uma prescrição dum qualquer poder que estivesse em desacordo quer com os princípios da recta razão quer com os interesses do bem público: não teria força alguma de lei, porque não seria uma regra de justiça e afastaria os homens do bem, para o qual a sociedade civil foi formada. (n. 10)

Embora diga "sociedade civil", o princípio enunciado é verdadeiro ao longo do espectro de todas as sociedades. Aqui temos de escavar um pouco mais profundamente para chegarmos à raiz da própria autoridade, que Leão XIII relaciona correctamente ao bem comum.[21]

A relação intrínseca entre a autoridade e o bem comum

O bem que relaciona as pessoas umas com as outras é um bem *comum*, um bem que é bom para muitas pessoas ao mesmo tempo, sem ser diminuído ou dividido.[22] Os bens privados são esgotados ou retirados de circulação quando são possuídos. Quando um bolo é dividido em pedaços, cada um

A relação intrínseca entre a autoridade e o bem comum

de nós pode receber um pedaço (se tivermos sorte), mas só eu posso comer o meu, e tu o teu. Quando visto uma peça de roupa, mais ninguém a pode vestir simultaneamente. A propriedade, embora possa ser colocada para uso hospitaleiro e caritativo, também é limitada desta forma: por direito e na prática, não é utilizada por todos de igual modo, e é diminuída ou desgastada pelo uso. Um bem verdadeiramente comum, por outro lado, pode ser partilhado simultaneamente por muitos, aperfeiçoando-os a todos. A paz de uma família e a justa ordem de uma sociedade são bens como este, uma vez que quanto mais esse bem existe, mais todos nós partilhamos dele, sem a sua diminuição. A verdade é um bem comum: se ambos conhecemos o teorema de Pitágoras, cada um de nós o possui completamente e é por ele aperfeiçoado; agora podemos discuti-lo e fazer mais descobertas a partir dele. Por estas razões, o bem comum é melhor do que o bem privado—ou seja, é melhor mesmo para o indivíduo do que o seu bem meramente individual. Isto é importante porque significa que será sempre irrazoável escolher o bem meramente individual em detrimento do bem comum. Se os dois entrarem em conflito, a única coisa razoável a fazer é escolher o bem comum.[23]

Ora, ao contrário do bem privado dos indivíduos, que já são propensos por natureza a procurar o seu próprio bem, o bem comum não cuida automaticamente de si próprio; exige que alguém cuide dele, que actue explicitamente em seu nome e coordene indivíduos para a sua busca e defesa. Isto é a origem da autoridade: ela nasce para servir e promover

Exige …

Deus: Direito Eterno — Obediência absoluta da criatura

Direito Divino Revelado (inclui a providência litúrgica) — Obediência absoluta da fé auxiliada pela razão

Direito Natural: participação da criatura racional no direito eterno — Obediência absoluta da razão auxiliada pela fé

Direito eclesiástico humano: Hierarquia Eclesial / Superiores Religiosos (dado por uma autoridade divinamente estabelecida) — Obediência condicional baseada em confiança, legítima subordinação, salvaguarda do bem comum eclesiástico

De modo a serem vinculativos, este e cada campo de direito subsequente devem estar em harmonia com os que se encontram acima.

Direito civil humano
(dado por uma autoridade
divinamente estabelecida)

Obediência condicional baseada em
confiança, legítima subordinação,
salvaguarda do bem comum civil

Regras familiares estabelecidas pelos pais
(dado por uma autoridade divinamente
estabelecida através do direito natural; sujeito
de vários modos ao direito eclesiástico e civil)

Obediência condicional
baseada em confiança, legítima
subordinação, salvaguarda do
bem comum doméstico

Regras, políticas, normas emitidas por associações voluntárias
(e.g., companhias privadas, clubes, associações):
estas não são tanto leis, mas sim convenções acordadas

Cooperação voluntária
baseada num contrato ou
num acordo implícito

A Verdadeira Obediência na Igreja

o bem comum de muitos. É por isso que a autoridade pode vincular as pessoas a uma certa linha de acção (ou, pelo contrário, proibir uma linha de acção): a autoridade pode, por assim dizer, colocar o bem comum entre o indivíduo e a sua linha de acção proposta e dizer, com efeito: "Só se pode fazer isso espezinhando o bem comum". Isso torna imediatamente a linha de acção proposta irrazoável, ou seja, imoral. E se a autoridade diz: "Faça isto", então coloca o bem comum como obstáculo entre o indivíduo e *qualquer outra* linha de acção, excepto a que foi ordenada, de modo que agora apenas essa linha de acção é razoável.

E aqui chegamos ao cerne da questão. O poder de uma autoridade para vincular moralmente reside no bem comum, por isso, se a autoridade exerce o seu cargo abertamente *contra* o bem comum, então essa ordem carece intrinsecamente de poder moral vinculativo. Não pode dizer: "Se não espezinhar o bem comum, espezinhará o bem comum". Por outras palavras, os bens que dão origem ao poder também o limitam, de tal forma que a autoridade não pode agir nem para além nem contra esses bens. Obviamente, esta linha de raciocínio exige uma distinção entre "contra o bem comum de uma forma em que pessoas razoáveis possam discordar" e "contra o bem comum de uma forma em que pessoas razoáveis *não* possam discordar". O facto de que devemos desobedecer ao Presidente se ele ordenar aos militares que destruam os Estados Unidos não significa que possamos desobedecer-lhe se ele ordenar aos militares que se envolvam em qualquer guerra que suspeitemos que não terá bom desfecho.[24]

Qual é, então, o bem comum da Igreja ao qual se deve a sua autoridade—uma autoridade exercida em diferentes graus pelos membros individuais da hierarquia e, de forma especial, pelo Sumo Pontífice? O bem comum da Igreja é a vida divina de Jesus Cristo, a sua Cabeça soberana—a graça superabundante da Sua alma divinizada, partilhada com os Seus membros através da iluminação do intelecto pela revelação e o incendiar do coração pela caridade sobrenatural do Seu Coração—e a divinização das almas pela vida sacramental e a oração (principalmente o culto solene, formal e público a que chamamos a sagrada liturgia). A este bem comum pertence o tesouro de todos os bens que Deus nos revelou, de todos os bens que Cristo nos obteve pelo Seu Preciosíssimo Sangue, e de todos os bens que o Pai e o Filho derramaram juntos sobre a Igreja pela descida do Espírito Santo não só no momento do Pentecostes mas, a partir daí, sobre toda a sua história até à Segunda Vinda.

A liturgia tradicional como inerente ao bem comum da Igreja

No campo da liturgia em particular, devemos ver os ritos tradicionais da Igreja não como obras meramente humanas, mas como obras conjuntas de Deus e dos homens—da Igreja movida pelo Espírito Santo.[25] Nosso Senhor prometeu aos Seus discípulos: "Mas, quando vier aquele Espírito de verdade, Ele vos guiará em toda a verdade" (Jo 16,13). Esta promessa inclui a plenitude da liturgia. Seria de esperar, se a Igreja é verdadeiramente governada pelo Espírito de Deus, que o seu culto divino, nos seus traços gerais e nas suas formas aceites, amadurecesse e se tornasse mais perfeito ao longo do tempo. Como Dom Prosper Guéranger louva entusiasticamente:

> É na santa Igreja que este Espírito divino habita. Ele desceu até ela como um vento impetuoso, e manifestou-Se-lhe sob o símbolo expressivo das línguas de fogo. Desde esse dia de Pentecostes, Ele habita nesta Sua noiva favorecida. Ele é o princípio de tudo o que ela contém. É ele quem suscita as suas orações, os seus desejos, os seus cânticos de louvor, o seu entusiasmo, e até mesmo o seu luto. Daí que a sua oração seja tão ininterrupta como a sua existência. De dia e de noite é a sua voz que ressoa docemente ao ouvido do seu divino Esposo e as suas palavras são sempre bem-vindas no Seu Coração...
>
> Que a alma, a noiva de Cristo, que está possuída de um amor à oração, não tenha medo de que a sua sede não possa ser saciada por estas ribeiras ricas da liturgia, que ora fluem calmamente como um riacho, ora rolam com a impetuosidade estrondosa de uma torrente, ora se dilatam com a poderosa agitação do mar. Que venha e beba esta água límpida que brota para a vida eterna; pois esta água flui das próprias fontes do seu Salvador; e o Espírito de Deus anima-a pela Sua virtude, tornando-a doce e refrescante para o veado ofegante....

A liturgia tradicional como inerente ao bem comum da Igreja

> Este poder renovador do ano litúrgico, para o qual desejamos chamar a atenção dos nossos leitores, é um mistério do Espírito Santo, que anima *incessantemente a obra que Ele inspirou a Igreja a estabelecer entre os homens*; para que assim santifiquem o tempo que lhes foi dado para o culto do seu Criador.[26]

O contemporâneo inglês de Guéranger, John Henry Newman, escreveu de forma semelhante:

> Quando o último Apóstolo tinha sido levado ao seu trono celestial, e o oráculo da inspiração se fechou para sempre, quando os fiéis foram entregues àquele governo ordinário que pretendia substituir o período especial da acção milagrosa, então surgiu diante dos seus olhos na sua forma normal e em todas as suas proporções aquele Templo majestoso, os planos do qual tinham sido concebidos pelo próprio Nosso Senhor no meio dos seus Discípulos eleitos. Foi então que a Hierarquia saiu em glória visível e se sentou nos lugares ordenados entre a congregação dos fiéis. Seguiram-se então, a seu tempo, as santas assembleias periódicas [os Concílios], os ritos solenes de adoração e a honra dos lugares sagrados, e a decoração das estruturas materiais; uma nomeação após outra, realizando em acto e acção a grande ideia que tinha sido transmitida à Igreja desde o dia de Pentecostes.[27]

Se levarmos a sério este papel construtivo e perfectivo do Espírito Santo através dos séculos, compreenderemos porque

A Verdadeira Obediência na Igreja

é que o ritmo da mudança litúrgica abranda à medida que os ritos litúrgicos, Orientais e Ocidentais, crescem na sua perfeição até atingirem uma certa maturidade—uma plenitude de expressão doutrinal, saturação simbólica e imponência artística—após a qual deixam de se desenvolver de qualquer forma, excepto de forma incidental ou menor. Este facto—e *é* um facto—explica a condenação do falso arqueologismo pelo Papa Pio XII, que observou que as formas primitivas de oração eclesial não devem ser consideradas melhores ou mais autênticas, uma vez que o Espírito Santo tem estado sempre activo no contínuo enriquecimento e amplificação da liturgia.[28] Como demonstra a História, a acção do Espírito gradualmente passa de inspirar orações completamente novas para preservar e santificar as orações já inspiradas, o culto já familiar, amado, normativo, e participando nas qualidades da revelação de Deus. Foi, e é, não só uma obra do Espírito dar aos cristãos a graça de amar e manter a sua herança, como produzir essa herança em primeiro lugar. No esplendor da sua monumental imutabilidade, o culto eclesial aperfeiçoado parece chegar até nós não só dos nossos antepassados, mas da própria corte celestial.

Falando da Missa em particular, o Bispo de Skopje, Macedónia, Smiljan Franjo Čekada, dirigiu-se sucintamente aos seus colegas padres conciliares no Concílio Vaticano II:

> A liturgia da Missa, na qual a Paixão e Morte do Senhor nos é re-apresentada, adquiriu a sua forma actual ao longo dos séculos. Desenvolveu-se espontânea e organicamente, gradual e sucessivamente—certamente

sob a influência do Espírito Santo que está sempre presente na Igreja—desde o seu núcleo primitivo até ao rito hodierno, cheio de harmonia e beleza, capaz de expressar em sinais e palavras o que contém e significa.[29]

Em defesa do Bispo Čekada podemos citar as magníficas palavras do grande P. Nicholas Gihr, escritas no final do século XIX:

> No sacrifício eucarístico, a Igreja Católica possui o sol do seu culto divino, o coração da sua vida de graça e virtude, o seu bem supremo, a sua maior riqueza, e o seu tesouro mais precioso. Daí que ela tenha sempre exercido toda a sua energia e cuidado para celebrar este sublime e exaltado mistério de fé da forma mais digna. O próprio Cristo instituiu e ordenou apenas o acto sacrificial essencial; mas tudo o que pertence ao desenvolvimento e investimento litúrgico da acção sacrificial divina, Ele deixou à Sua Igreja, dirigida e iluminada pelo Espírito Santo. O sublime e inspirador rito sacrifical criado pela Igreja não é uma produção puramente humana, mas uma obra de arte e um feito magistral realizado com a assistência divina: um edifício sagrado tão belo, tão harmonioso, tão maravilhoso, tão completo na sua totalidade, bem como nas suas partes componentes, que não se pode ter dúvidas nem deve ser negligentemente desprezada a presença da mão invisível de uma sabedoria celestial, que dirigiu o seu erguimento e a sua execução.[30]

A Verdadeira Obediência na Igreja

Sobre o Cânone Romano em particular, escreve o P. Gihr:

> O Cânone é, pela sua origem, antiguidade e uso: venerável, inviolável e sagrado. Se alguma vez uma oração da Igreja surgiu sob a inspiração especial do Espírito Santo, é certamente a oração do Cânon.[31]

Porque tudo isto é verdade—é a única forma dos Católicos alguma vez terem pensado na sua liturgia antes de meados do século XX—segue que o culto litúrgico tradicional da Igreja, a sua *lex orandi* ou lei de oração, é uma expressão fundamental, normativa e imutável da sua *lex credendi* ou lei de crença, uma expressão que não pode ser contrariada ou abolida ou fortemente reescrita sem rejeitar a continuidade espiritual da Igreja Católica como um todo.[32] Massimo Viglione elucida este ponto:

> A *lex orandi* da Igreja, na realidade, não é um "preceito" de lei positiva votada por um parlamento ou prescrita por um soberano, que poderá vir a ser retraída, alterada, substituída, melhorada ou piorada. A *lex orandi* da Igreja, além disso, não é uma "coisa" específica e determinada no tempo e no espaço, tanto quanto é o conjunto colectivo de normas teológicas e espirituais e práticas litúrgicas e pastorais de toda a história da Igreja, desde a época evangélica—e especificamente desde o Pentecostes—até aos nossos dias. Embora obviamente viva no presente, está enraizada em todo o passado da Igreja. Portanto, não estamos aqui a falar

A liturgia tradicional como inerente ao bem comum da Igreja

de algo humano—exclusivamente humano—que o chefe mais recente possa mudar a seu bel-prazer. A *lex orandi* compreende todos os vinte séculos da história da Igreja e não há nenhum homem ou grupo de homens no mundo que possa mudar este depósito de vinte séculos. Não há Papa, Concílio, ou episcopado que possa mudar o Evangelho, o *Depositum Fidei* ou o Magistério Universal da Igreja. Nem pode a Liturgia de sempre ser [decisivamente] alterada.[33]

Desprezando a noção de que o apego ao rito antigo é uma questão de sentimentalismo ou estética, o Bispo Vitus Huonder concentra-se directamente no seu conteúdo confessional:

O rito tal como o temos é uma profissão de fé e uma profissão de fé não pode ser simplesmente posta de lado. O que se diria se, enquanto bispo, eu deixasse de rezar o Credo dos Apóstolos? O que diriam estes fiéis a meu respeito? Dir-me-iam: "O que se passa convosco; isto não é possível!" Não devemos esquecer que o rito tradicional [Romano], sobretudo porque tem a maturidade e o peso dos anos, é também uma profissão de fé. Não podem exigir que os fiéis ponham de lado esta profissão de fé.[34]

Como a história da Igreja atesta, a Missa tem sido repetidamente provada como uma profissão de fé, sobretudo pelas acções daqueles que procuram minar essa fé. A *Catholic Encyclopedia* é bastante clara sobre este ponto:

A Verdadeira Obediência na Igreja

Que a Missa... é a característica central da religião Católica não precisa de ser dito. Durante a Reforma e sempre, a Missa tem sido a prova. O ditado dos Reformadores: "O que importa é a Missa", era verdade. Os insurrectos da Cornualha em 1549 revoltaram-se contra a nova religião, e expressaram toda a sua revolta exigindo que fosse retirado o *Prayer-Book Communion Service* e restaurada a Missa antiga. A longa perseguição dos Católicos em Inglaterra tomou a forma prática de leis, principalmente contra a celebração da Missa; durante séculos o ocupante do trono inglês foi obrigado a manifestar o seu Protestantismo, não por uma negação geral de todo o sistema do dogma Católico, mas por um repúdio formal da doutrina da Transubstanciação e da Missa. Como a união com Roma é o laço entre Católicos, também o é a nossa parte comum neste, o rito mais venerável da Cristandade, a testemunha e salvaguarda desse laço.[35]

Precisamente por esta razão, apenas dois grupos de Católicos (ou, devo dizer, ex-Católicos) alguma vez questionaram a *lex orandi* tradicional: os Protestantes, que a rejeitaram por discordarem abertamente da *lex credendi* que expressava, e os Modernistas, que acreditavam que a *lex credendi* evolui perpetuamente e deve evoluir, pelo que a *lexorandi* deve ser mutável e maleável para a acompanhar. Podemos ser mais específicos: tanto os Protestantes como os Modernistas consideram a história pós-Constantiniana da Igreja Católica como uma história de obscurecimento progressivo

A liturgia tradicional como inerente ao bem comum da Igreja

e de recaída pagã, um desvio da primavera pura, simples e autêntica dos primeiros cristãos que se encontravam em casas particulares para "partir o pão" e relembrar Jesus, o carpinteiro prodigioso de Nazaré. De acordo com esta visão, o desvio atingiu o seu ponto mais baixo na Idade Média, que depois transmitiu um culto supersticioso aos séculos seguintes, culminando no espetáculo mudo, clericalista e cortesão conhecido como a Missa Tridentina. O sopro ardente do espírito pentecostal derreteu este paradigma e substituiu-o por formas de culto mais em sintonia com a fé viva dos cristãos: primeiro na Reforma, depois, muito mais tarde, no período do Concílio Vaticano II e nas reformas arrebatadoras que introduziu.

Não existe, praticamente, nenhum livro de liturgia dominante desde 1965 até cerca de 2005 que não expresse algo parecido com este ponto de vista, com diferentes graus de chacota para com o passado e diferentes graus de confiança num futuro glorioso de culto no vernáculo, acessível e com inclusão de leigos. Era simplesmente a autocrítica inquestionável da Igreja pelos seus auto-intitulados especialistas. Não é exagero dizer que a reforma litúrgica sob Paulo VI assentava numa compreensão Protestante da história e liturgia da Igreja. Aceitá-la é aceitar, em maior ou menor grau, uma visão do Catolicismo como uma história de obscurantismo, mistificação, clericalismo ritualista e exclusão sistemática dos crentes das liberdades do Evangelho—numa palavra, uma história de corrupção que nunca poderia ser fruto do Espírito Santo. Aqueles que apoiam o culto tradicional são portanto também obscurantistas, mistificadores, ritualistas, clericalistas e fariseus elitistas que são culpados de se oporem ao Espírito Santo.[36]

O Papa que se coloca contra o bem comum

E receio que seja *exactamente* este o ponto de vista que está por detrás do *motu proprio Traditionis Custodes* e de todos os que o apoiam. É um ponto de vista profundamente não-Católico, ou até mesmo anti-Católico. Uma vez que a liturgia é verdadeiramente a "fonte e o cume da vida cristã", o lar da revelação divina e o principal agente da nossa transformação em Cristo, segue-se que abolir, proibir ou de qualquer forma intentar contra o venerável Rito Romano, que foi humildemente recebido, amado com gratidão e generosamente louvado durante século após século de crescimento ininterrupto, é o ataque mais notório e prejudicial ao bem comum possível ou imaginável. Se *este* não é o tipo de bem que a autoridade da Igreja tem de proteger, poder-se-ia perguntar que bens se qualificariam como tal? Como diz com razão uma declaração da Fraternidade Sacerdotal de S. Pio X:

> A Missa tradicional pertence à parte mais íntima do bem comum na Igreja. Restringi-la, empurrá-la para guetos e, por fim, planear o seu desaparecimento, não pode ter legitimidade. Esta lei não é uma lei da Igreja, porque, como diz S. Tomás, uma lei contra o bem comum não é uma lei válida.[37]

O Papa que se coloca contra o bem comum

A tradição Católica reconhece o dever solene do Papa para com a prática litúrgica imemorial da Igreja.[38] Segundo o famoso juramento papal do *Liber Diurnus Romanorum Pontificum*, um manual de formulários utilizado pela chancelaria pontifícia no final do primeiro milénio, o Papa deve jurar: "Manterei inviolável a disciplina e o ritual da Igreja tal como a encontrei e recebi transmitida pelos meus antecessores".[39] Num dos seus textos, o Concílio de Constança declara: "Uma vez que o Romano Pontífice exerce um poder tão grande entre os mortais, é justo que esteja ainda mais vinculado pelos laços incontroversos da fé e pelos ritos que devem ser observados em relação aos Sacramentos da Igreja".

Das muitas autoridades teológicas que poderiam ser apresentadas, que seja suficiente convocar Francisco Suárez, S.J. (1548-1617):

> Se o Papa estabelecer uma ordem contrária aos bons costumes, não é preciso obedecer-lhe; se tentar fazer algo manifestamente contrário à justiça e ao bem comum, será lícito resistir-lhe; se atacar pela força, poderá ser repelido pela força, com a moderação característica de uma defesa justa.[40]

Suárez afirma ainda que o Papa poderia ser cismático "se quisesse derrubar todas as cerimónias eclesiásticas que assentam na tradição apostólica".[41] A ideia parece ser que é sempre legítimo desejarmos aderir ao que a Igreja ensinou e *praticou* solenemente. Já no século IV, Santo Atanásio podia dizer aos fiéis: "Pois os nossos cânones *e as nossas formas* não surgiram nas Igrejas nos dias de hoje, mas foram-nos transmitidos com sabedoria e segurança pelos nossos antepassados".[42] Devemos ser cépticos em relação às novidades que certos religiosos desejam acrescentar à ou substituir pela tradição e devemos estar preparados para oferecer resistência se for feita uma tentativa de a eliminar, pois a tradição é inquestionavelmente uma parte essencial e constitutiva do bem comum da Igreja.[43] Como diz o bispo fictício Edmund Forster na obra clássica *Mitre &Crook* do P. Bryan Houghton: "Imagine ter de defender a Missa [Tridentina] através de subterfúgios legais. Que disparate! Defende-se *mole sua*, pelo seu próprio peso imponderável. É a Missa".[44] Martin Mosebach demonstra o mesmo:

> O Papa Bento XVI não "permitiu" a "Missa antiga" nem concedeu qualquer privilégio para a poder celebrar. Isto é, não tomou qualquer medida disciplinar que um sucessor possa retirar. O que há de novo e surpreendente no *Summorum Pontificum* é o facto de declarar que a celebração da Missa antiga não necessita de qualquer autorização. Nunca tinha sido proibida porque nunca poderia ser proibida. Poder-se-ia concluir que aqui encontramos um limite fixo e insuperável para a autoridade de um Papa. A tradição está acima do Papa. A Missa antiga, enraizada profundamente no primeiro milénio cristão, está, por princípio, para além do que a autoridade do Papa pode proibir.[45]

O Papa que se coloca contra o bem comum

De maneira gentil, o Cardeal Sarah expressa a mesma opinião no seu comentário sobre as famosas palavras de Bento XVI:

> O que é sagrado para a Igreja, então, é a cadeia ininterrupta que a liga com certeza a Jesus. Uma cadeia de fé sem ruptura ou contradição, uma cadeia de oração e liturgia sem ruptura ou repúdio. Sem esta continuidade radical, que credibilidade poderia a Igreja ainda reivindicar? Nela não há um voltar atrás, mas um desenvolvimento orgânico e contínuo a que chamamos tradição viva. O sagrado não pode ser decretado—é recebido de Deus e transmitido.

Esta é, sem dúvida, a razão pela qual Bento XVI pôde afirmar com autoridade: "Na história da Liturgia, há crescimento e progresso, mas nenhuma ruptura. Aquilo que para as gerações anteriores era sagrado, permanece sagrado e grande também para nós, e não pode ser de improviso totalmente proibido ou mesmo prejudicial. Faz-nos bem a todos conservar as riquezas que foram crescendo na fé e na oração da Igreja, dando-lhes o justo lugar."[46]

A contradição de Francisco com o seu predecessor sobre este assunto é óbvia, pois a mensagem fundamental do *Traditionis Custodes* é: "Aquilo que para as gerações anteriores era sagrado *não* permanece sagrado nem importante também para nós; e *pode* ser de improviso totalmente proibido ou considerado prejudicial. *Não* nos faz bem a todos conservar as riquezas que foram crescendo na fé e na oração da Igreja, nem lhes dar o devido lugar."[47] José Antonio Ureta explica que a nossa recusa em cumprir o *motu proprio* do Papa Francisco "não é uma questão de questionar a autoridade papal, perante a qual o nosso amor e reverência devem crescer. É o amor pelo próprio papado que deve levar à denúncia do *Traditionis Custodes*, que procura eliminar ditatorialmente o rito mais antigo e venerável do culto católico, do qual todos os fiéis têm o direito de beber."[48]

Note-se que Suárez refere-se a "todas as cerimónias eclesiásticas que assentam na tradição apostólica"; *apostolica traditione firmatas*: diz respeito a toda a estrutura que foi erguida sobre origens apostólicas. Isso englobaria o *Missale Romanum* de 1570, que São Pio V definiu como uma "liturgia pura... de acordo com os ritos e costumes da Igreja Romana" e que exaltou como um estandarte diante do caos da Reforma.[49] Contrariamente à linha superficial adoptada por alguns apologistas Católicos de hoje, a Constituição Apostólica de São Pio V—*Quo Primum*—não é "apenas um documento disciplinar" que pode ser prontamente posto de lado ou contradito pelos seus sucessores. Uma vez que a própria liturgia diz respeito a questões de fé e moral, *Quo Primum* deve ser considerado um documento *de rebus fidei et morum* e, portanto, o seu conteúdo substantivo não é susceptível de ser posto de lado por um pontífice posterior—um estatuto reconhecido pelo gesto eloquente dos seus sucessores que, ao promulgar novas edições do Missal Romano, tiveram sempre o cuidado de as preceder com a *Quo Primum*, mostrando que aceitavam e acolhiam

O Papa que se coloca contra o bem comum

aquilo que Pio V tinha codificado e canonizado.[50] O Papa não fez com que a Missa se tornasse inviolável ao publicar a *Quo Primum*, mas a *Quo Primum* é inviolável por causa da Missa. Esta Constituição Apostólica só poderia ter sido promulgada, e só pode ser coerentemente entendida, como a preservação adequada de uma já inviolável Missa tradicional existente. Assim, o testemunho da *Quo Primum* sobre a perene *lex orandi* e *lex credendi* da Igreja de Roma permanece em vigor, garantindo os direitos perpétuos da Missa Tridentina, bem como os do clero de rito latino para a celebrar:

> Em virtude da Nossa autoridade Apostólica, conferimos e concedemos perpetuamente que, para cantar ou rezar a Missa em qualquer igreja, este Missal será doravante seguido absolutamente, sem qualquer escrúpulo de consciência ou medo de incorrer em qualquer pena, julgamento ou censura, e pode ser livre e legalmente utilizado. Nem os superiores, administradores, cânones, capelães, e outros sacerdotes seculares, ou religiosos, seja qual for o título designado, são obrigados a celebrar a Missa de outra forma que não a ordenada por Nós. Do mesmo modo, declaramos e ordenamos... que o presente documento não pode ser revogado ou modificado, mas permanece sempre válido e mantém toda a sua força... Contudo, se alguém presumir cometer tal acto [ou seja, alterar a *Quo Primum*], deverá saber que incorrerá na ira de Deus Todo-Poderoso e dos Bem-Aventurados Apóstolos Pedro e Paulo.[51]

A Verdadeira Obediência na Igreja

Estou ciente de que existem questões intrincadas em torno da *Quo Primum*. Tem, de facto, aspectos disciplinares, pelo que não é simplesmente uma declaração sobre questões de fé e moral; no entanto, também não é simplesmente um decreto administrativo que possa ser anulado ou eliminado por completo: tem muito mais peso do que isso. *Quo Primum* define o Missal de 1570 como o marco da tradição por excelência para o Rito Romano, a expressão autorizada da *lex orandi* da Igreja Romana. É a Missa dos Padres Ocidentais. Como tal, nunca se poderá tornar ilegítima ou necessitar de uma revisão de grande porte. Se Pio V estivesse simplesmente a "modificar o Missal de acordo com as necessidades do seu tempo" (como tem sido absurdamente afirmado), por que razão teria dado uma sanção permanente para o uso do seu Missal, invocando a ira dos Apóstolos sobre aqueles que agissem em contrário? Obviamente acreditava que este era o núcleo da tradição litúrgica romana, que nenhum poder terreno poderia desfazer.[52]

Podemos unir todos os pontos precedentes num silogismo. A Profissão de Fé Tridentina reconhece, como essencial à Catolicidade, a adesão a "cerimónias recebidas e aprovadas pela Igreja Católica na administração solene de todos os sacramentos" (isto é, os ritos tradicionais).[53] *Quo Primum* reconhece o *Missale Romanum* de 1570 como o rito tradicional da Missa—*isso*, e não uma mera lei positiva, é a base da sua posição perpétua. Portanto, a adesão à liturgia codificada e canonizada neste *Missale Romanum* é essencial para a Catolicidade no âmbito da Igreja de rito latino: é o que faz de nós Católicos Romanos. Segue-se um corolário: a rejeição dos ritos tradicionais como critério de autoridade, e a aceitação de um missal não-tradicional, faz de nós... outra coisa!

Estou a assumir que o leitor já compreende que o rito romano tradicional e o rito moderno de Paulo VI são *dois ritos litúrgicos diferentes*—tão diferentes no seu conteúdo, que inclui textos, música, rubricas, cerimónias e acessórios, que este último não pode, de forma alguma, ser visto como uma mera "revisão" ou "nova versão" do primeiro.[54] O Papa Paulo VI reconheceu implicitamente a ruptura ao ser o primeiro papa em 400 anos a omitir a bula de Pio V, *Quo Primum*, e a substituí-la por uma constituição sardonicamente chamada *Missale Romanum*. Como se estivesse a revelar o significado do gesto de Montini, o Papa Francisco declarou duas vezes, após *Traditionis Custodes*, que a situação actual na Igreja de Roma é semelhante ao *bi-ritualismo* (embora talvez fosse mais correcto usar a palavra "bipolaridade").[55] Este ponto é importante: não estamos perante apenas mais uma versão ligeiramente revista do mesmo missal, mas uma verdadeira ruptura, de tal maneira que existem dois "ritos romanos" com causas, princípios, elementos e manifestações conflituosas e concorrentes—uma situação sem precedentes, incompreensível e a raiz de todos os nossos problemas litúrgicos actuais.[56]

O *sensus fidelium* e a resistência da consciência Católica

Mencionei anteriormente que não devemos obediência a uma autoridade eclesiástica se esta agir contra o bem comum da Igreja. É importante notar que os teólogos Católicos são unânimes em afirmar que isto é possível—tal autoridade pode realmente *agir contra o bem comum*—e, ainda mais importante, que os Católicos comuns são capazes de reconhecer *quando* tal acontece. Se não conseguíssemos, estaríamos impotentes para responder a quaisquer desvios morais ou intelectuais da parte dos nossos pastores e instrutores. Aliás, se aos fiéis faltasse esta capacidade de discernimento, grande parte da história da Igreja seria ininteligível. Tomemos a recusa firme e pública de muitos Católicos em Inglaterra em assistir ao novo rito protestantizado da Missa do Arcebispo Cranmer,[57] mesmo quando eram encorajados a fazê-lo pelo clero que preferia a estratégia de compromisso com as forças heréticas que chegaram ao poder no século XVI. Mesmo à custa de inconvenientes, assédio, multas e penas piores, os Católicos ingleses devotos recusaram-se a assistir ao que só mais tarde se chamaria o rito *Anglicano*—e isto, muito antes de qualquer directiva de Roma afirmar que o novo serviço era "a descendência do cisma, o distintivo de ódio à Igreja"e que a assistência a essa cerimónia era "gravemente pecaminosa".[58]

Uma exposição valiosa da visão tradicional do *sensus fidelium*—a capacidade, privilégio dos membros baptizados da Igreja, de discernir a verdade de Cristo se foram devidamente formados por ela e caso se esforcem por viver de acordo com ela—pode ser encontrada num documento de 2014 preparado pela Comissão Teológica Internacional do Vaticano. Embora não seja magisterial, este documento transmite com precisão o consenso dos teólogos de todos os tempos:

O sensus fidelium e a resistência da consciência Católica

"Amados, não creiais a todo o espírito, mas provai se os espíritos são de Deus, porque já muitos falsos profetas se têm levantado no mundo." (1 Jo 4,1). O *sensus fidei fidelis* dá ao crente a capacidade de discernir se um ensinamento ou uma prática é coerente com a verdadeira fé que ele já vive... O *sensus fidei fidelis* permite, também, que cada fiel perceba uma desarmonia, incoerência ou contradição entre um ensinamento ou uma prática e a autêntica fé cristã que já experimenta na sua vida. Ele reage, então, do mesmo modo como um apaixonado pela música percebe notas erradas na interpretação de uma peça musical. Neste caso, os fiéis resistem internamente aos ensinamentos ou às práticas em questão e não aceitam ou não tomam parte nisso. [Como diz São Tomás:] "O *habitus* da fé possui esta capacidade, que, graças a ele, o fiel é impedido de dar o próprio consentimento ao que é contrário à fé, da mesma forma como a castidade impede por relação ao que é contrário à castidade".[59]

Notavelmente para os nossos dias, o documento da CTI prossegue:

Advertido pelo seu *sensus fidei*, cada fiel pode chegar a refutar o seu assentimento a um ensinanemto dos seus legítimos pastores se ele não reconhece nele a voz de Cristo, o Bom Pastor. "As ovelhas seguem o Bom Pastor, porque conhecem a sua voz. Mas, de modo algum seguirão o estranho, antes fugirão dele, porque não conhecem a voz dos estranhos." (Jo 10, 4-5). Para São Tomás, um fiel, mesmo sem competência teológica, pode, e deve, resistir, em virtude do *sensus fidei*, ao seu bispo se este ensina coisas heterodoxas. Em tal caso, o fiel não se considera como critério último da verdade de fé; em vez disso, diante de uma pregação materialmente "autorizada" mas que o desconcerta, mesmo sem ser capaz de explicar exatamente porquê, adia o seu assentimento e apela internamente à autoridade superior da Igreja universal.[60]

O que é esta infalibilidade, guiada pelo Espírito, do *sensus fidelium*? É apenas a versão superior da realidade de que não podemos abdicar da nossa razão pessoal ou do nosso "senso comum cristão". Tal como os governantes seculares não têm uma autoridade que simplesmente se sobrepõe ao exercício da razão e da voz da consciência de um cidadão, assim também no âmbito da graça os governantes eclesiásticos não têm uma autoridade que simplesmente desliga a razão do crente e lhe retira a sua responsabilidade perante Deus de amar o bem comum da Igreja mais do que qualquer bem pessoal de quem quer que seja.[61] O *sensus fidelium* é parte integrante da indefectibilidade da Igreja, que é demasiadas vezes falsamente interpretada como uma espécie de qualidade descendente, exclusivamente hierárquica e magisterial, quando na realidade é um dom divino entregue à Igreja precisamente como uma *entidade colectiva*. Por isso Newman pôde constatar que durante a crise ariana do século IV, "o dogma divino da

O sensus fidelium e a resistência da consciência Católica

divindade de Nosso Senhor foi proclamado, imposto, mantido e (humanamente falando) preservado, muito mais pela 'Ecclesia docta' [a Igreja ensinada] do que pela 'Ecclesia docens' [a Igreja ensinante]" e que "o episcopado foi infiel à sua comissão, enquanto os leigos foram fiéis ao seu baptismo".[62]

A referência à consciência requer uma breve digressão sobre esta palavra tão abusada, mas que nos transporta para uma realidade de grande importância.

Nos anos sessenta, setenta e oitenta, eram os progressistas que faziam um grande alarido a respeito da "consciência", tentando com isso discordar de ensinamentos perenes da Igreja, como a proibição da contracepção (que Paulo VI confirmou mas de forma alguma inventou). Os liberais continuam a utilizar a palavra para dissimular actos imorais, especialmente contra o sexto e o nono mandamentos. Para eles, "consciência" parece significar algo do género: "os meus desejos enquanto pessoa moderna autónoma, desinformada ou não disposta a submeter-se à lei de Deus". Esta distorção politizada deu origem a uma reacção oposta entre conservadores e tradicionalistas, que também abusaram da palavra ao fazer a "consciência bem formada" equivalente à "submissão automática à autoridade externa", que, de acordo com o neo-ultramontanismo, se resume à vontade do Papa como o único princípio de acção necessário para os Católicos virtuosos.[63] O resultado deste braço de ferro entre facções dentro da Igreja é que o conceito de consciência quase perdeu o seu significado; foi esvaziado do seu conteúdo substantivo. Temos todos—liberais, conservadores e tradicionalistas—deixado escapar um

A Verdadeira Obediência na Igreja

elemento daquilo que nos torna distintamente humanos, isto é, seres racionais, livres, responsáveis perante Deus.

Segundo São Tomás, "a consciência é... uma actividade, nomeadamente, a aplicação efectiva do conhecimento moral à conduta" no aqui e agora.[64] S. John Henry Newman caracterizou a consciência como "um mensageiro d'Aquele que, tanto na natureza como na graça, nos fala por detrás de um véu e nos ensina e governa através dos Seus representantes".[65] O Concílio Vaticano II elogiou justamente este mensageiro: "No fundo da própria consciência, o homem descobre uma lei que não se impôs a si mesmo, mas à qual deve obedecer; essa voz, que sempre o chama ao amor do bem e fuga do mal, soa no momento oportuno [...]. O homem tem no coração uma lei escrita pelo próprio Deus".[66] Para ouvir esta voz, é preciso "virar-se para dentro", diz Santo Agostinho, "e em tudo o que fizer, ver Deus como sua testemunha".[67] Nestas declarações vemos uma ligação entre a consciência como uma lei ou voz interior e uma norma ou autoridade exterior que ela escuta. Segundo o *Catecismo da Igreja Católica*, a consciência moral "atesta a autoridade da verdade em relação ao Bem supremo, pelo qual a pessoa humana se sente atraída e cujos mandamentos acolhe".[68] A consciência está sempre ligada à verdadeira doutrina, uma fonte de iluminação que se impõe como verdade à mente receptiva. Enquanto a consciência for sensível à sua própria necessidade, procura uma luz digna de confiança para a sua própria formação e só está em repouso, iluminada, quando e enquanto tiver encontrado uma. Comentando o versículo "A água que eu lhe der se fará nele uma

O *sensus fidelium* e a resistência da consciência Católica

fonte de água que salte para a vida eterna. " (João 4,14), São Tomás escreve: "Aquele que bebe acreditando em Cristo atrai uma fonte de água; e quando a atrai a sua consciência, que é o coração do homem interior, começa a viver e ela própria se torna uma fonte".[69]

A consciência, portanto, certamente não significa "o que me apetece fazer ou não fazer". Ela aponta para a actividade na alma humana de julgar o que é certo ou errado, em conformidade com a verdade conhecida, para que possamos por nossa vez *desejar* o que é certo neste momento, nesta situação. A consciência trabalha de mãos dadas com a virtude da prudência, pela qual discernimos a melhor linha de acção, dadas todas as circunstâncias pertinentes, bem como as exigências inerentes à virtude, que nos ligam sempre à lei de Deus, para o nosso próprio bem. O Salmo 118[119], o salmo mais longo do Saltério de David e espinha dorsal do Ofício Divino, repete enfaticamente que a lei de Deus é o nosso guia, a nossa iluminação, a nossa liberdade, o nosso deleite, e que não seremos capazes de julgar correctamente à parte dela. A meditação contínua da lei de Deus, tal como nos é dada nas Escrituras e na Tradição, é o meio divinamente conferido pelo qual o nosso poder de julgamento moral deve ser moldado.

Se compreendermos, então, como funcionam tanto a consciência como a virtude, veremos que não pode existir algo como "obediência cega" na vida cristã. Para fazer o bem e evitar o mal, devemos fazer um julgamento sobre o bem a ser feito ou o mal a ser evitado; devemos desenvolver raciocínios práticos sobre qualquer linha de acção proposta; devemos conformar-nos interiormente com a verdade e rejeitar a falsidade. Embora existam regras gerais de acção e normas sem excepções, só o indivíduo pode, no momento de agir, saber e escolher o que é correcto ou não fazer; esta responsabilidade não pode ser "delegada" a alguém que pense e escolha por ele.[70] Naturalmente, haverá momentos em que uma ordem é dada a alguém que está sob a autoridade de outrem e o subordinado não vê qualquer dificuldade moral nela; nessa situação, a ausência de algo censurável na ordem libertá-lo-ia para a cumprir sem mais delongas. A questão aqui não é que o raciocínio moral deva ser complicado e demorado—uma pessoa virtuosa com uma consciência iluminada achará certas decisões muito fáceis de tomar mesmo que a consequência seja o sofrimento—mas sim que o raciocínio moral está *sempre* a decorrer e não pode ser contornado, nem deve ser feita qualquer tentativa para o contornar em nome de uma suposta forma de obediência "mais santa". Embora o Magistério eclesiástico forneça princípios pelos quais podemos discernir acções virtuosas e saber que devemos abster-nos de certos tipos de acções que são intrinsecamente más, só o indivíduo cristão pode avançar para a *acção moral* que consiste em seguir e aplicar princípios nas suas decisões pessoais; nenhuma fonte externa pode intervir e assumir esta função da sua alma, pela qual ele será responsável perante Deus. Isto, compreendido correctamente, é a primazia da consciência da qual a tradição Católica dá testemunho.[71]

Hoje, um verdadeiro apelo à consciência pode e deve ser feito pelos Católicos que vêem bens vitais serem-lhes violentamente retirados ou males a serem-lhes impostos. Isto não é ser "progressista"; é ser *humano* e *cristão*. É ser verdadeiramente tradicional, conhecendo e testemunhando o valor perene do que foi amado e venerado antes de nós e que foi sempre transmitido com uma fidelidade inabalável.

Não somos os revolucionários nem os desobedientes

Sejamos absolutamente claros a respeito disto: atacar a Missa [em latim] tradicional (ou qualquer dos ritos litúrgicos tradicionais) é atacar a Providência de Deus Pai; rejeitar a obra de Cristo, o Rei e Senhor da história; blasfemar a fecundidade do Espírito Santo na vida de oração da Igreja. É contrário à prática de todas as eras da Igreja, de cada santo, concílio e Papa anterior ao século XX. Contradiz várias virtudes fundamentais da vida cristã, nomeadamente a religião, a gratidão e a humildade. Implica a rejeição da confissão dogmática da fé contida na *lex orandi* tradicional latina no seu desenvolvimento orgânico ao longo de, pelo menos, 1600 anos, o que é contrário à virtude teológica da fé; implica a rejeição da comunhão dos santos numa linhagem e num património comum de culto eclesiástico, o que é contrário à virtude teológica da caridade. De todas estas formas e mais algumas, a reforma litúrgica pós--conciliar, a sua subsequente implementação implacável e os esforços renovados do Papa Francisco para extinguir a tradição precedente são irracionais, injustos e profanos; e, portanto, não podem ser aceites como legítimos ou acolhidos como a vontade de Deus.[72] Como diz a frase célebre de S. Tomás de

A Verdadeira Obediência na Igreja

Aquino: leis injustas "são actos de violência ao invés de leis... Por isso não vinculam a consciência".[73] Um repúdio do nosso património litúrgico Católico é equivalente a desobediência a Deus; e seremos obedientes a Deus através da nossa "desobediência" aos revolucionários. Nas palavras do eminente historiador da Igreja Roberto de Mattei:

> Contra a filosofia da revolta, contra a filosofia da dissidência, contra a filosofia da Revolução, que tem o diabo como inspiração principal, opomo-nos com a filosofia da obediência à Lei Divina, violada e ofendida em todo o mundo. É em nome desta obediência suprema que estamos prontos a retirar a nossa obediência aos homens, mesmo aos da Igreja, se circunstâncias graves o exigirem. Mas se isto acontecer, fazemo-lo com tristeza, fazemo-lo com respeito, renovando o nosso espírito de obediência a Deus e à Sua Lei, renovando o nosso amor à Igreja e ao próximo: a cada irmão, cuja vontade desejamos fazer, de acordo com as prioridades da dependência e da hierarquia que regulam o Universo. Amamos a ordem e combatemos a desordem. A nossa luta contra a desordem chama-se Contra-Revolução, um movimento através do qual a ordem é restabelecida e restaurada.[74]

Do mesmo modo, escreve Sebastian Morello:

> Os Católicos que ansiosamente conservam as suas crenças e práticas religiosas herdadas não são os revolucionários nem são os desobedientes. Vergonhosamente,

Não somos os revolucionários nem os desobedientes

tais Católicos serão acusados de desobediência—de facto, já estão a ser acusados de desobediência. Na realidade, esses Católicos não querem fazer parte de uma causa revolucionária. É precisamente a sua obediência e fidelidade à sua tradição, face ao exercício abusivo do poder arbitrário, que os torna alvos da revolução e da desobediência. Tais Católicos não devem ter dúvidas: não são eles os revolucionários; não são eles os desobedientes; são eles os fiéis.[75]

Se estamos convencidos de que algo essencial, algo decisivo da Fé está a ser atacado pelo Papa ou por qualquer outro hierarca, não só nos é permitido recusar fazer o que nos é pedido ou ordenado, não só nos é permitido recusar desistir do que nos está a ser injustamente retirado ou proibido; somos *obrigados* a recusar, por amor ao próprio Nosso Senhor, o nosso amor pelo Seu Corpo Místico e o amor pelas nossas próprias almas. Mantermo-nos neutros não é uma opção: como disse um bom padre, "a neutralidade foi neutralizada".[76] A nossa obediência é justamente dada à autoridade superior: no assunto em discussão, isso significa à Providência Divina, ao Espírito Santo, à autoridade da Igreja de todas as eras, à voz de Deus na consciência de cada um, pois dá testemunho da maior sacralidade e poder santificador dos ritos antigos e das necessidades e exigências do bem comum eclesial.[77]

Porque isto é verdade, qualquer pena ou punição aplicada por "desobediência" aos revolucionários seria *ilícita*. Se um castigo é dado com base em falsas premissas teológicas ou canónicas, é nulo, tal como o julgamento canónico e

A Verdadeira Obediência na Igreja

a excomunhão de Joana d'Arc foram reconhecidos como ilegítimos vinte e cinco anos após a sua execução às mãos de um clero corrupto e politicamente motivado. Imagine-se um hierarca que remove, suspende, excomunga ou procura laicizar um padre Católico porque este ama e adere à tradição litúrgica enquanto o primeiro a despreza e rejeita.[78] A suspensão ou excomunhão ou mesmo remoção do estado clerical seria nula e sem efeito: é uma auto-contradição a autoridade ser usada contra qualquer pessoa cujo único "crime" é o de "lutar seriamente pela fé entregue aos santos" (cf. Tiago 3). O sacerdote pode continuar a administrar os sacramentos como antes; as suas faculdades permanecem intactas.[79]

Alguém poderá contestar que eu, no fundo, nego que a autoridade eclesiástica legítima ainda existe, pois se existisse, qualquer pena que aplicasse contra um padre, culpado ou inocente, continuaria a ser eficaz *pro tempore*: a um padre que tivesse as suas faculdades retiradas faltariam faculdades. Afinal, o direito canónico assume a validade das acções no foro externo. A minha resposta é que este raciocínio seria verdadeiro nos tempos comuns, mas não nos nossos tempos extraordinários, quando a autoridade eclesiástica, pelo seu ataque à tradição litúrgica e teológica, se voltou contra o bem comum da Igreja, subvertendo a sua própria finalidade e, nessa medida, a sua autoridade. Os Católicos reconhecem uma lei mais fundamental do que os ditames canónicos, uma lei que os condiciona necessária e profundamente: *salus animarum lex suprema*, a salvação das almas é a lei suprema. É para a salvação das almas que toda a estrutura da

Não somos os revolucionários nem os desobedientes

lei eclesiástica existe; não tem outro objectivo que não seja o de proteger e fazer avançar a partilha da vida de Cristo com a humanidade. Em circunstâncias normais, as leis eclesiásticas criam uma estrutura dentro da qual a missão da Igreja pode desenvolver-se de uma forma ordenada e pacífica. Mas pode haver situações de anarquia ou ruptura, corrupção ou apostasia, em que as estruturas ordinárias se tornam obstáculos, e não facilitadores, da missão da Igreja. Nestes casos, a voz da consciência dita que se deve fazer o que tem de ser feito, com prudência e caridade, para a realização da lei soberana. Por exemplo, Santo Atanásio foi oficialmente excomungado, mas não hesitou em continuar com o seu trabalho; muitos padres que permaneceram fiéis no meio da extinção da hierarquia Católica na Inglaterra Elisabetana exerceram o seu ministério em violação das normas canónicas ordinárias, mesmo ao longo de múltiplas gerações. Quando um edifício está a arder, tenta-se apagar o fogo e salvar as vítimas com quaisquer meios à mão, em vez de se esperar que os bombeiros cheguem—especialmente se se souber por experiência própria que o chefe dos bombeiros está ausente do seu posto ou a dormir ou inebriado ou convencido de que os incêndios são benéficos e a maioria dos bombeiros são uns desastrados cujos métodos não funcionam ou, pior ainda, foram pagos para lançar gasolina sobre o fogo. A crise na Igreja não pode ser imputada àqueles que, conscientes de uma obrigação aos olhos de Deus e de um dever para com os companheiros crentes que sofrem, lhe responderam da melhor forma possível, com as armas brilhantes da obediência à lei mais

A Verdadeira Obediência na Igreja

elevada que rege todas as outras. Faço minhas as palavras do arcebispo Viganò:

> Não cometamos o erro de apresentar os acontecimentos actuais como "normais", julgando o que acontece com os parâmetros legais, canónicos e sociológicos que tal normalidade pressuporia. Em tempos extraordinários—e a actual crise na Igreja é de facto extraordinária—os acontecimentos vão para além do normal conhecido pelos nossos pais. Em tempos extraordinários, podemos ouvir um papa a enganar os fiéis; ver príncipes da Igreja acusados de crimes que noutros tempos teriam despertado horror e sido recebidos com severos castigos; testemunhar nas nossas igrejas ritos litúrgicos que parecem ter sido inventados pela mente perversa de Cranmer; ver prelados levarem em procissão o ídolo impuro da Pachamama para a Basílica de S. Pedro; e ouvir o Vigário de Cristo pedir desculpa aos adoradores daquele simulacro se um Católico ousar atirá-lo para o Tibre.[80]

Como Sua Excelência nos tem recordado frequentemente, a situação na Igreja é paralela e está entrelaçada com a crise que se desenrola simultaneamente no domínio político secular. O abuso de autoridade, as tácticas de medo, as tentativas de punição e a resposta corajosa exigida são análogas:

> Nesta altura, os cidadãos, por um lado, e os fiéis, por outro, encontram-se na condição de terem de desobedecer à autoridade terrena para obedecerem à autoridade

divina, que governa as nações e a Igreja. Obviamente os "reaccionários"—isto é, aqueles que não aceitam a perversão da autoridade e querem permanecer fiéis à Igreja de Cristo e à sua pátria—constituem um elemento de dissidência que não pode ser tolerado de forma alguma, e por isso devem ser desacreditados, deslegitimados, ameaçados e privados dos seus direitos em nome de um "bem público" que já não é a *bonum commune*, mas sim o seu contrário. Quer sejam acusados de teorias da conspiração, tradicionalismo ou fundamentalismo, estes poucos sobreviventes de um mundo que querem fazer desaparecer constituem uma ameaça à realização do plano global, precisamente no momento mais crucial da sua realização.... Podemos, portanto, compreender a violência das reacções de autoridade e preparar-nos para uma oposição forte e determinada, continuando a valer-nos dos direitos que nos foram negados de forma abusiva e ilícita.[81]

Estai firme e retende

Traditionis Custodes justificou, ironicamente, a afirmação tradicionalista básica de que ocorreu uma ruptura entre a Igreja dos séculos e a Igreja conciliar ou, no mínimo, entre o culto oferecido por uma e o oferecido pela outra. Nesse caso, porém, quem perde não é a Igreja dos séculos, com os seus dogmas fixos e a sua liturgia grandiosa; quem perde terá de ser quem aparece depois: a "novo-rica", a impostora.

A Verdadeira Obediência na Igreja

É por isso que é uma *necessidade* e não um luxo, que alguns padres e religiosos da Igreja testemunhem com a sua própria vida—pela sua fidelidade consistente de princípios e integral à tradição—que a Igreja deve ser indefectivelmente a mesma de sempre e que o que foi sagrado e grandioso no passado nunca pode deixar de o ser no presente e até ao fim dos tempos. No momento em que a tradição for proscrita, também o será a continuidade substantiva da Igreja, e com ela, a base da autoridade eclesiástica, uma vez que o episcopado e o papado nos são eles próprios transmitidos pela tradição.[82] Como George Neumayr, devastadoramente, observa:

> Para uma religião baseada na tradição a supressão da tradição não faz sentido, a menos que o objectivo seja mudar essa religião nos seus fundamentos... O Papa, evidentemente, encarna a própria divisão que afirma deplorar. Ele está a dividir os Católicos ao nível mais profundo possível—da própria tradição católica. Uma "unidade" enraizada na heterodoxia é uma farsa... Ao ignorar a autoridade dos papas do passado, Francisco apaga a sua própria.[83]

Hoje em dia o testemunho eclesial da herança ancestral, medieval e tridentina está gravemente ameaçado, não só pelas acções de hierarcas que desejam romper com a Tradição, mas também pelo ultrapassar dos limites por parte das autoridades civis que pretendem tornar o culto divino subserviente ao culto crescente da "saúde comunitária". Deve ser claramente entendido que nenhum titular de cargos na

Estai firme e retende

Igreja ou no Estado tem autoridade na lei natural, divina ou eclesiástica para proibir a Missa ou recusar os Sacramentos a fiéis Católicos bem intencionados.[84] O *salus animarum* nunca pode ser substituído pelo *sanitas corporis* como lei suprema da Igreja—como se um atestado de saúde, uma máscara de poliéster ou um passaporte de vacinas pudesse alguma vez ser exigido como condição prévia necessária para assistir ao Sacrifício do Calvário. Nas palavras condenatórias do Bispo Athanasius Schneider, muitos clérigos Católicos "perderam uma visão sobrenatural e abandonaram a primazia do bem eterno das almas".[85] Os cancelamentos da Missa em nome das preocupações de saúde comunitária mostraram que precisamos seriamente de recuperar essa visão sobrenatural, se quisermos continuar a adorar a Deus nos nossos santuários.[86]

A contribuição mais valiosa na nossa era de amnésia e confusão será, portanto, dada por aqueles que não se contentam em admirar à distância ou em ocasionalmente dar uma mão à restauração e defesa do nosso património sagrado, mas que se *identificam pessoalmente* com a verdade e bondade duradouras desse património, assumindo-o como o modo em que viverão a sua vida quotidiana. O clero que se compromete exclusivamente com o rito antigo por uma questão de princípio não deve comprometer-se, independentemente de ameaças ou penalidades. Pelo contrário, devem compreender o vazio legal destas manobras infundadas para o sufocar. Agora que os nossos inimigos deixaram claro que pretendem a nossa eventual erradicação, os princípios jurídicos clássicos

A Verdadeira Obediência na Igreja

de autodefesa, a resistência proporcional e a invalidade das sanções injustamente impostas entram plenamente em jogo.

Alguns sacerdotes poderão conseguir escapar ou desrespeitar leis injustas (quer emitidas por autoridades eclesiásticas ou civis) durante anos ou décadas, mas outros serão denunciados por perseguidores ou até repreendidos. Os seus superiores poderão retirar as suas faculdades ou mudá-los de lugar; poderão ser suspensos e privados de salário; poderão até ser excomungados, embora isso seja improvável. O que devem ter em mente, porém, é que enquanto a única razão para uma acção disciplinar for a sua adesão por motivos de princípio aos ritos tradicionais da Igreja Romana, tais sanções serão nulas e sem efeito e o seu ministério sacerdotal poderá continuar sem restrições.[87] Sob outro Papa ou outro bispo, prevalecerão políticas mais sãs e as contas serão ajustadas, a papelada irregular rectificada.[88] Precisamente porque, nas palavras do Cardeal Müller, "o bom pastor pode ser reconhecido pelo facto de se preocupar mais com a salvação das almas do que em recomendar-se a uma autoridade superior por 'bom comportamento' subserviente,"[89] pastores corajosos e padres cancelados encontrar-se-ão pronta e generosamente apoiados por leigos agradecidos que se mobilizarão atrás de si para defender os seus santuários, prover às suas necessidades materiais e, caso o pior aconteça, fornecer um lugar digno para a Missa ser oferecida. Como recordei noutro texto:

> O culto Católico tradicional e modo de vida que este sustenta foi salvo no final dos anos sessenta e setenta por padres e leigos dispostos a fazer exactamente isto

e nada menos—permanecerem fiéis ao que sabiam ser verdade. Foi inicialmente uma pequena minoria que manteve a chama acesa e que a espalhou, uma pessoa de cada vez, por todo o mundo. Muitas vezes tiveram de o fazer fora das estruturas oficiais da Igreja, ou melhor, fora das ficções legais auto-proclamadas dos eclesiásticos e da sua "renovação" autodestrutiva. Foram, durante algum tempo, "pastores abandonados à sorte", mas nunca trocariam a sua consciência limpa, integridade Católica, fecundidade pastoral e consolo espiritual por quaisquer emolumentos de um sistema corrupto e corrosivo.[90]

O padre tradicional pode continuar com uma consciência serena, sabendo que está a ligar o passado ao futuro na sua própria pessoa, entregando através do seu ministério o grande dom que foi recebido—pelo qual um dia ouvirá essas palavras emocionantes: "Bem está, bom e fiel servo. Sobre o pouco foste fiel, sobre muito te colocarei; entra no gozo do teu senhor." (Mat. 25,21). De facto, pela sua perseverança perante líderes religiosos corruptos, tais sacerdotes inspirarão maior santidade nos outros e colocar-se-ão na nobre companhia dos primeiros heróis do sacerdócio Católico, que se alegraram por serem considerados dignos de sofrer pela verdade de Cristo.[91]

O homem moderno, herdeiro de um liberalismo totalitário incoerente, oscila tipicamente entre desprezar toda a autoridade e submeter-se cegamente a qualquer autoridade que ainda reconheça. Já não existe uma rede de autoridades a vários níveis que formam uma constelação de pontos de

A Verdadeira Obediência na Igreja

referência dentro da qual o cristão individual rende a sua obediência a Deus e à hierarquia que procede de Deus.[92] A autoridade é demasiadas vezes transformada numa caricatura voluntarista e arbitrária de si mesma, e a obediência dada a tal substituto é em si mesma uma caricatura. Não é virtude submeter-se a falsidades conhecidas; não há mérito em obedecer a um sistema erigido sobre erros e mentiras.[93] Recordemo-nos do que o grande convertido anglicano Hugh Ross Williamson escreveu em 1970 no seu panfleto *The Great Betrayal*:

> Os nossos bispos, proibindo este rito, invocam a nossa "obediência". Mas devem certamente saber que a obediência à consciência tem precedência sobre tudo e que a obediência não pode ser ordenada por algo errado. Mesmo na vida militar, um soldado já não pode invocar a obediência a um superior como desculpa para cometer um crime. O que os bispos querem dizer com "obediência" é uma regimentação sem sentido—o tipo de obediência que os padres apóstatas da primeira Reforma deram aos seus bispos apóstatas, entre os quais havia apenas um que defendia a Fé: S. John Fisher. Neste momento, não existe um S. John Fisher.
>
> A defesa da Igreja, face à grande traição dos eclesiásticos, recai sobre os leigos, que devem ser activos na prossecução da política que já está a entrar em vigor em vários locais—fornecendo um padre para rezar a Missa Tridentina e dedicando ao seu sustento todo o dinheiro que normalmente dariam à sua igreja local.

Estai firme e retende

Como estamos de regresso às Catacumbas, a celebração pode ser realizada em casas particulares.

Não pode haver censuras possíveis por tais motivos. Foi para esta eventualidade que São Pio decretou: "Em nenhum momento no futuro um padre poderá ser forçado a usar qualquer outra forma de dizer Missa". No final, seria impossível acusar de cisma aqueles que continuaram a usar a forma de Missa santificada pelos séculos. Os ecumenistas serão os cismáticos.[94]

A nossa situação actual é muito pior do que em 1970, na medida em que a gravidade da heterodoxia e da corrupção, de tal maneira que muitas mais pessoas a vêem pelo que é e fizeram um regresso resoluto à tradição. Temos mesmo na hierarquia alguns bispos com a coragem de S. John Fisher. A esse respeito, posso acrescentar que os argumentos apresentados neste tratado implicam não só padres, mas também bispos e cardeais: também eles são obrigados a defender os direitos imprescritíveis da tradição imemorial e do culto Católico venerável, juntamente com os direitos dos fiéis de Cristo em todas as fileiras e estados de vida e nenhum poder na Terra, nem mesmo o do Papa, pode libertá-los desta responsabilidade aos olhos de Deus.[95]

As provas disponíveis mostram que, aos mais altos níveis da Igreja, estamos a lidar com uma nova "pornocracia", o reinado de não poucos bandidos mesquinhos, enfadonhos, fúteis e vingativos que não se importam com teologia, história, tradição, direito canónico, ou qualquer outra coisa que não seja a sua própria ideologia, que muitas vezes é reconhecível

A Verdadeira Obediência na Igreja

pelo seu matiz doentio de lavanda. É por isso que nenhum argumento prevalecerá com eles; nenhum apelo à bondade, equidade, justiça, misericórdia; nenhuma petição, mesmo que assinada por milhões. E é por isso que nos devemos opor a eles com total e absoluta recusa em cumprir quaisquer das suas exigências destrutivas. Sejam quais forem as sanções que imponham, não terão peso, como um futuro Papa ou Concilio reconhecerá. De facto, a recusa em reconhecer a eficácia das sanções injustas, a recusa em mudar o seu comportamento em resposta à intimidação sofisticada, pode ser considerada como uma demonstração de caridade verdadeira e sincera—um amor sincero pelos pastores da Igreja que não se contenta em permitir que os guardiães da tradição ponham em perigo a salvação das suas próprias almas e das dos outros, abusando do seu poder em detrimento dos tesouros sagrados que lhes são confiados.

Entretanto, a consciência deve fazer o seu trabalho e não se deixar extinguir por um ardiloso abuso da obediência, uma virtude nobre frequentemente arrastada pela lama pelos seus exploradores. Deste modo, acrescentaremos também o brilho à obediência na sua forma mais elevada, mais bela e mais radical: obediência à verdade, por amor do bem—por amor de Deus.

Leitura Adicional

A fim de manter este tratado com um comprimento controlável, tive de resumir muitos tópicos complexos, apresentando apenas os pontos mais salientes. Para certos leitores, pode muito bem levantar mais questões do que aquelas a que responde. Os livros e artigos seguintes pretendem servir de guia para adquirir uma compreensão mais ampla e profunda do estado actual da Igreja Católica e de vários tópicos controversos abordados nestas páginas. Os artigos aqui mencionados podem ser facilmente encontrados online.

Sobre o estado da Igreja em geral, recomendo vivamente a entrevista do Bispo Athanasius Schneider a *Christus Vincit: O Triunfo de Cristo sobre as Trevas destes Tempos* (Gratia, 2020). A visão geral de Sua Excelência sobre a história da Igreja moderna, o Concílio Vaticano II, o período pós-conciliar, e o pontificado de Francisco, fornece um contexto completo para os argumentos aqui contidos. O artigo de Bronwen McShea "*Bishops Unbound*" (*First Things*, Janeiro de 2019) diagnostica uma das causas fundamentais do colapso actual da vida eclesiástica, descrevendo a mudança de uma partilha outrora altamente diferenciada e difundida na governação da Igreja, com um papel proeminente para os leigos, para uma concentração crescente de toda a autoridade eficaz nas mãos dos bispos e, finalmente, nas mãos do Papa que os nomeia e gere a todos. Juntamente com McShea, deve ler-se "Is It Time to Abolish the USCCB?" de Leila Marie Lawler (*Crisis Magazine*, 16 de Setembro de 2019), "Hierarchy as Middle Management" de Darrick Taylor (*Crisis Magazine*, 29 de Setembro de 2021), e "The Divide Between the Bishops and the Faithful" de Eric Sammons (*Crisis Magazine*, 1 de Outubro de 2021).

De Roberto de Mattei, *Love for the Papacy and Filial Resistance to the Pope in the History of the Church* (Angelico, 2019) defende a legitimidade de se criticar, discordar ou de se opor aos pontífices romanos, citando muitos exemplos históricos. Na colecção de ensaios *Are Canonizations Infallible? Revisiting a Disputed Question* (Arouca, 2021), vários autores abordam a natureza e os limites da infalibilidade papal e a questão polémica da fiabilidade da "fábrica de santos" das últimas décadas. Sobre o tema da heresia papal, pode-se consultar o livro de Arnaldo Xavier da Silveira *Can a Pope Be...a Heretic? The Theological Hypothesis of a Heretical Pope* (Caminhos Romanos, 2018); do mesmo autor *Can Documents of the Magisterium of the Church Contain Errors?* (The American TFP, 2015) é também digno de atenção, tal como o capítulo 10 do *Pope Francis's "Paradigm Shift"* de José António Ureta (The American TFP,

Leitura Adicional

2018), "It Is Licit to Resist", que tem o benefício adicional de citar extensivamente as opiniões hiperpapalistas de acólitos nomeados do Bergoglianismo, que são verdadeiramente chocantes de ler. Inquestionavelmente a mais importante publicação que documenta e analisa os muitos erros defendidos e propostos pelo Papa Francisco é a colecção intitulada *Defending the Faith Against Present Heresies*, editada por John R.T. Lamont e Claudio Pierantoni (Arouca, 2021).

O conceito de obediência tem, sem dúvida, sofrido a influência de conceitos jesuítas: ver John R.T. Lamont, "Tyranny and Sexual Abuse in the Catholic Church: A Jesuit Tragedy", *Rorate Caeli*, 27 de Outubro de 2018. Uma versão mais completa desse artigo foi apresentada como palestra em Nova Iorque a 4 de Abril de 2014, sob o título "The Catholic Church and the Rule of Law", cujo texto foi publicado a 8 de Maio em duas partes no blog da Sociedade de St. Hugh of Cluny. Igualmente recomendado é o panfleto *Faithful Children of the Church: Catholic Obedience in Times of Apostasy* (Roma: Fundação Lepanto, 2018; disponível em *Voice of the Family*), que contém ensaios de Roberto de Mattei, Fr. Roger-Thomas Calmel O.P. e do Prof. Plinio Corrêa de Oliveira.

Se tiver de ler apenas um livro sobre a Missa, leia *The Traditional Mass; History, Form, and Theology of the Classical Roman Rite (Angelico, 2020)*, de Michael Fiedrowicz. Para uma explicação sobre a superioridade do rito tridentino sobre o Novus Ordo a todos os níveis e em todos os aspectos, consulte o meu livro *Reclaiming Our Roman Catholic Birthright: The Genius and Timeliness of the Traditional Latin Mass* (Angelico,

2020). A respeito da ruptura entre o rito antigo e o novo, leia o livro *In Defence of the Roman Mass* (Te Deum Press, 2020), do Padre Raymond Dulac e, para um tratamento mais resumido, os meus artigos "Beyond 'Smells and Bells': Why We Need the Objective Content of the *Usus Antiquior*" (*Rorate Caeli*, 29 de Novembro de 2019); "Two 'Forms' of the Roman Rite": Liturgical Factor Canonical Fiat? (*Rorate Caeli*, 14 de Setembro de 2020); e "The Byzantine Liturgy, the Traditional Latin Mass, and the Novus Ordo—Two Brothers and a Stranger" (*New Liturgical Movement*, 4 de Junho de 2018). O livro do P. Dulac inclui tratamentos detalhados do estatuto legal do *Missale Romanum* canonizado perpetuamente por São Pio V em *Quo Primum* e compara-o com o do pretenso "Missal Romano" de Paulo VI: veja-se *In Defence of the Roman Mass*, 111-24, 207-10, 219-34, 265-303. O P. Dulac tende para um hiperpapalismo que eu não partilho, mas isto torna ainda mais triunfantes os seus argumentos cuidadosamente fundamentados contra a Novus Ordo e contra qualquer obrigação de a utilizar.

Para melhor compreender a situação dos padres que são punidos por razões ideológicas, ver P. John P. Lovell, "What is a Canceled Priest?", *OnePeterFive*, 4 de Outubro de 2021, bem como o meu artigo "Discovering Tradition: A Priest's Crisis of Conscience", *OnePeterFive*, 27 de Março de 2019. Para um bom resumo da luta interna que o pontificado de Francisco criou para qualquer sacerdote católico ainda crente, ver "A Sense of Pastoral Betrayal: The Burden Papal Novelties Lay on Parish Priests" (*OnePeterFive*, 12 de Janeiro de 2021),

Leitura Adicional

do P. Timothy Sauppé. Recomendo que pesquise sobre a Coalition for Canceled Priests.

O leitor atento terá notado que as notas finais deste folheto citam frequentemente a antologia *From Benedict's Peace to Francis's War: Catholics Respond to the Motu Proprio* Traditionis Custodes *on the Latin Mass* (Angelico, 2021). Este recurso indispensável reúne setenta das melhores respostas ao decreto papal, escrito por quarenta e cinco autores de doze países.

Notas Finais

1 Texto disponível em www.columbia.edu/acis/ets/CCREAD/etscc/kant.html.
2 Texto disponível em www.pathsoflove.com/aquinas/perfection-of-the-spiritual-life.html.
3 No entanto, devemos ter cuidado na forma como interpretamos e aplicamos os ensinamentos de tais mestres nos dias de hoje. Ver o meu artigo "Sun, Moon, and Stars: Tradition for the Saints", *OnePeterFive*, 3 de Fevereiro de 2021. Os conselhos espirituais dados por alguns dos santos no passado (que muitas vezes equivalem a "submeter-se sem queixumes a tudo o que o superior faz/ordena") estavam assentes em suposições que esses santos poderiam ter como certas: consentimento comum ao dogma católico, respeito pela tradição eclesiástica, veneração pela liturgia herdada, aceitação do papel das belas artes, etc. Hoje em dia, contentamo-nos se pudermos presumir uma fé básica em Cristo Redentor!

O contexto histórico no qual estamos a tentar compreender e viver a virtude da obediência não pode ser ignorado. Não devemos tomar conselhos de há três, quatro ou quinze séculos

A Verdadeira Obediência na Igreja

atrás, normalmente dirigidos aos religiosos consagrados com votos de obediência e aplicá-los a nós próprios como se fossem um estêncil ou um molde e nós fôssemos uma folha branca ou plasticina. Se, por exemplo, o nosso superior é um modernista, temos de discernir quais as ordens que não estão contaminadas ou derivam do seu modernismo e quais estão livres disso. (Em caso de dúvida, ter-se-ia de fazer um juízo sobre o que é mais provável). Quem tivesse uma "obediência cega" a um superior conhecido como liberal, progressista ou modernista pecaria *ipso facto* contra a fé, contra a verdade e contra a caridade que ama a Deus em primeiro lugar e acima de tudo.

É verdade que se pode aceitar uma injustiça para consigo próprio como um acto de sofrimento redentor; mas não nos é permitido assistir a injustiças feitas a outros e deixá-las acontecer (se estiver ao nosso alcance impedi-las ou intervir de alguma forma) e acima de tudo não nos é permitido deixar que Nosso Senhor seja tratado de forma imprópria ou desdenhosa (pensemos nos sacrilégios contra o Santíssimo Sacramento em tantas igrejas e liturgias!). Quando os direitos de Deus estão em jogo, não se pode oferecer a Deus o sofrimento pessoal resultante do mal e ignorá-lo, muito menos endossá-lo ou praticá-lo.

4 Sobre as implicações antropológicas e litúrgicas de Cristo como Eterno Sumo Sacerdote e os ministros da Igreja como Seus instrumentos visíveis, ver o meu livro *Ministers of Christ: Recovering the Roles of Clergy and Laity in an Age of Confusion* (Manchester, NH: Crisis Publications, 2021).

5 Inversamente, se se remover a obediência, irá obscurecer-se a permanência e objectividade do bem amado e minar o compromisso para com ele; se se remover a obediência, irá negar-se o direito soberano da verdade sobre a mente.

Notas Finais

6 Este ensinamento encontra-se claramente descrito nos escritos de São João. Ver João 14,15-21: "Se me amardes, guardareis os meus mandamentos. E eu rogarei ao Pai, e ele vos dará outro Consolador, para que fique convosco para sempre; O Espírito de verdade, que o mundo não pode receber, porque não o vê nem o conhece; mas vós o conheceis, porque habita convosco, e estará em vós. Não vos deixarei órfãos; voltarei para vós. Ainda um pouco, e o mundo não me verá mais, mas vós me vereis; porque eu vivo, e vós vivereis. Naquele dia, conhecereis que estou em meu Pai, e vós em mim, e eu em vós. Aquele que tem os meus mandamentos, e os guarda, esse é o que me ama; e, aquele que me ama, será amado de meu Pai, e eu o amarei, e me manifestarei a ele." João 15,14: "Vós sereis meus amigos, se fizerdes o que eu vos mando." Cf. 1 João 2,3-6 e 3,23-24.

7 James Butler, "The Most Rev. Dr. James Butler's Catechism," in *The Tradi vox Catholic Catechism Index*, ed. Aaron Seng (Manchester, NH: Sophia Institute Press, 2021), 4, 46-47.

8 Como São Tomás afirma, a virtude da prudência está envolvida em toda a acção livre. A razão pela qual nem sempre notamos que estamos a fazer um juízo prudencial sobre uma acção proposta deve-se ao facto de muitas vezes ocorrer num abrir e fechar de olhos—se, por exemplo, o que nos é comandado fazer for um assunto sem importância, sobre o qual não é necessária qualquer deliberação, ou se gozamos de uma relação de trabalho tão boa com a outra pessoa que habitualmente fazemos o que ela diz sem parar para pensar. No entanto, existe um "processamento" racional de qualquer ordem ou pedido com base no qual vemos que é algo que podemos e devemos fazer, mesmo que só nos apercebamos deste raciocínio prudencial quando há algo que nos force a parar e pensar.

A Verdadeira Obediência na Igreja

9   Os motivos de um superior não têm de ser virtuosos para que as suas ordens sejam dignas de obediência. Por exemplo, um bispo poderia transferir um padre de uma paróquia para outra por irritação com a sua popularidade ou por inveja do seu sucesso ou porque seria capaz de angariar mais dinheiro para a diocese num lugar que de outra forma não lhe seria propício. Estas decisões administrativas geralmente teriam de ser aceites, mesmo que os seus motivos fossem poucos nobres. Apenas afirmo que não deve haver provas ou suspeitas fundadas de que as decisões do superior sejam dirigidas à destruição espiritual ou física do subordinado ou da Igreja local ou universal. Este é o mínimo de boa vontade que uma estrutura viável de autoridade e obediência pressupõe.

10 Como explica São Tomás: "Pelo que também por acções, especialmente se forem repetidas, de modo a se tornarem um costume, a lei pode ser alterada e elaborada; e também pode ser estabelecido algo que obtém força de lei, na medida em que por acções externas repetidas o movimento interior da vontade e os conceitos de razão são declarados com maior eficácia; pois, quando uma coisa é feita repetidamente, parece proceder de um julgamento deliberado da razão. Assim, o costume tem a força de uma lei, suprime a lei e é o intérprete da lei" (Summa theologiae [ST] I-II, Q. 97, art. 3). Para mais explicações, ver "The Legality of the Old Rite" in *The Rad Trad*, 25 de Outubro de 2018.

11 Esta não é uma questão meramente teórica. Parece que o Papa Francisco mentiu de forma flagrante sobre os resultados do inquérito aos bispos sobre o *Summorum Pontificum*. Ver Diane Montagna, "*Traditionis Custodes*: Separating Fact from Fiction", *The Remnant*, 7 de Outubro de 2021.

Notas Finais

12 Como Massimo Viglione afirma memoravelmente: "A obediência—e este é um erro que encontra as suas raízes mais profundas mesmo na Igreja pré-conciliar—não é um fim. É um meio de santificação. Por conseguinte, não é um valor absoluto, mas sim um valor instrumental. É um valor positivo, muito positivo, se estiver orientado para Deus. Mas se alguém obedecer a Satanás, ou aos seus servos, ou ao erro, ou à apostasia, então a obediência já não é um bem, mas sim uma participação deliberada no mal" ("'They Will Throw You out of the Synagogues' [John 16:2]: The Hermeneutic of Cain's Envy against Abel", in *From Benedict's Peace to Francis's War: Catholics Respond to the Motu Proprio Traditionis Custodes on the Latin Mass* [Brooklyn, NY: Angelico Press, 2021], 110).

13 "The Virtue of Obedience", *First Things* online, 23 de Julho de 2021. O facto de eu citar Chaput não pretende ser uma aprovação geral das suas decisões pastorais (ver, por exemplo, Michael Davies, *Liturgical Time Bombs in Vatican II* [Rockford, IL: TAN Books, 2003], 52-54).

14 Ver ST II-II, Q. 104, art. 1. Ver, inter alia, Leo XIII, *Diuturnum Illud* 11 e 17; *Immortale Dei* 18; *Libertas Praestantissimum* 13.

15 Ver ST II-II, QQ. 104 and 105.

16 ST II-II, Q. 104, art. 5, sed contra.

17 Ibid., corpus.

18 Ibid., ad 2.

19 Ibid., ad 3.

20 ST II-II, Q. 105, art. 2.

21 Como tantas vezes nas suas encíclicas sociais, Leão XIII está aqui a reafirmar a doutrina de S. Tomás de Aquino no tratado sobre direito: ver, por exemplo, ST I-II, Q. 96.

22 Devo este prisma e alguma da linguagem dos parágrafos seguintes ao Dr. Jeremy Holmes, a quem agradeço cordialmente. Para

um relato mais completo dos argumentos aqui apresentados, ver o seu post "How formal authority works", *New Song*, 21 de Outubro de 2021, http://drandmrsholmes.com/blog/2021/10/21/how-authority-works-2.

23 Tragicamente, o termo "bem comum", assim como "obediência" e "consciência", tem sido tão abusado nas últimas décadas que agora pode ser interpretado como uma frase suspeita—algo que soa liberal ou progressivo. Por exemplo, alguém pode afirmar que o "bem comum" da Igreja requer "ter um culto comum", ou seja, apenas um Missal Romano (sobre tal afirmação falsa, ver os textos de Joseph Shaw em *From Benedict's Peace to Francis's War*, 260-79, 310-13, e 337-40). Devemos resistir a tal roubo linguístico e insistir em dar aos termos o seu significado tradicional correcto; devemos "combater as novidades de palavras", como exortou o Papa S. Pio X na grande encíclica anti-modernista *Pascendi Dominici Gregis*. Quanto ao conceito de "bem comum", ver as explicações dadas pelo P. Edmund Waldstein, "The Good, the Highest Good, and the Common Good" e Peter A. Kwasniewski, "The Foundations of Christian Ethics and Social Order," in *Integralism and the Common Good: Selected Essays from "The Josias,"* vol. 1: *Family, City, and State* (Brooklyn, NY: Angelico Press, 2021) (Brooklyn, NY: Angelico Press, 2021), 7-48, especialmente 22-30 e 39-46.

24 No texto mencionado na penúltima nota, o Dr. Holmes tira a seguinte conclusão: "O decreto da autoridade só vincula porque a razão pode perceber o peso do bem comum por detrás dela. Se esse decreto é destrutivo do bem comum de uma forma que a razão não pode ter dúvidas quanto a ela, então o decreto perde toda a força moral. A obediência está sempre enraizada na compreensão do bem pela razão. Não é arbitrária ou cega."

Notas Finais

25 Para argumentação adicional em apoio desta tese, ver a minha palestra "Beyond 'Smells and Bells': Why We Need the Objective Content of the *Usus Antiquior*", *Rorate Caeli*, 29 de Novembro de 2019.

26 *The Liturgical Year*, vol. 1: *Advent*, trad. Dom Laurence Shepherd (Great Falls, MT: St. Bonaventure Publications, 2000), 1-2, 8, 16, ênfase acrescentado.

27 *John Henry Newman on Worship, Reverence, and Ritual: A Selection of Texts*, ed. Peter A. Kwasniewski (n.p.: Os Justi Press, 2019), 442.

28 Ver "The Problem of False Antiquarianism" no meu livro *Reclaiming Our Roman Catholic Birthright* (Brooklyn, NY: Angelico Press, 2020), 149-60. De qualquer modo, o arqueologismo não foi mais do que uma desculpa conveniente para os reformadores litúrgicos modernistas, uma vez que, como se verificou, aboliram ou diluíram muitos elementos indiscutivelmente antigos do Rito Romano, editaram profundamente as fontes antigas que retiveram e introduziram muitas novidades que poderiam ser vagamente consideradas como "algo como o que os primeiros cristãos devem ter feito". Nada tem sido mais fraudulento ou falacioso do que o apelo pós-conciliar à antiguidade.

29 *Concilii Vaticani II Synopsis in ordinem redigens schemata cum relationibus necnon Patrum orationes atque animadversiones. Constitutio de Sacra Liturgia Sacrosanctum Concilium*, ed. Francisco Gil Hellín (Città del Vaticano: Libreria Editrice Vaticana, 2003), 828.

30 *The Holy Sacrifice of the Mass Dogmatically, Liturgically, and Ascetically Explained* (St. Louis: Herder, 1949), 261.

31 Gihr, *Holy Sacrifice*, 581.

32 Pertence à lei divina que os fiéis devem adorar segundo ritos transmitidos por Deus, pela Igreja, por homens e mulheres santos.

A Verdadeira Obediência na Igreja

Vemos este princípio tanto no Antigo Testamento (por exemplo, "Atenta, pois, que o faças conforme ao seu modelo, que te foi mostrado no monte" Ex. 25,40; "Não removas os limites antigos que fizeram teus pais.", Prov. 22,28) como no Novo Testamento ("Porque primeiramente vos entreguei o que também recebi", 1 Cor. 15,3; "Então, irmãos, estai firmes e retende as tradições que vos foram ensinadas, seja por palavra, seja por epístola nossa.", 2 Tess. 2,15). Aqueles que apontam para a distinção entre elementos "primários e secundários" ou "essenciais e acidentais" muitas vezes interpretam-na muito mal, não conseguindo reconhecer como é que ela realmente apoia a tradição, em vez de a afastar como insignificante. Já discuti esta questão muitas vezes; ver, por exemplo, o capítulo "The Charge of Aestheticism" em *Reclaiming Our Roman Catholic Birthright*, 193-204, e o meu artigo "How Much Can the Pope Change Our Rites, and Why Would He?", *OnePeterFive*, 20 de Outubro de 2021.

33 *From Benedict's Peace to Francis's War*, 104-5.

34 Ver "An Interview with His Excellency Bishop Vitus Huonder", no *site* sspx.org, em 'News and Events', 1 de Outubro de 2021. Na mesma entrevista, afirma: "A Fé é *dada*, por isso está sobre toda a autoridade, ou melhor, toda a autoridade está sujeita à autoridade da Fé, o que em última análise significa estar sujeita à autoridade de Nosso Senhor, porque a Fé vem de Nosso Senhor. E toda a autoridade Lhe deve responder... Repito: a Fé é dada por Nosso Senhor, através dos Apóstolos que a transmitiram e esta Fé une-nos. Ora, isto é o que, em grande parte, falta hoje na Igreja, e [isto] é o que ameaça a unidade".

35 Adrian Fortescue, "Liturgy of the Mass," *The Catholic Encyclopedia*, ed. especial (New York: The Encyclopedia Press, 1913), 9:800.

Notas Finais

36 Para mais sobre este ponto, ver o meu artigo "Surprising Convergences between an Anti-Catholic Text book and the Liturgical Reform," *New Liturgical Movement*, August 5, 2019.

37 "From *Summorum Pontificum* to *Traditionis Custodes*, or From the Reserve to the Zoo," in fsspx.news, July 19, 2021.

39 Um estudo mais amplo deste tema pode ser encontrado na minha palestra "The Pope's Boundedness to Tradition as a Legislative Limit," in *From Benedict's Peace to Francis's War*, 222-47.

39 O texto completo do Juramento em latim e em inglês pode ser encontrado em "'I Shall Keep Inviolate the Discipline and Ritual of the Church': The Early Mediæval Papal Oath," *Canticum Salomonis*, July 31, 2021.

40 Suárez, *De Fide*, disp. X, secc. VI, n. 16. O leitor deve ter em atenção que Suárez e outros que se exprimem em termos semelhantes estavam a reagir à *descaracterização* Protestante de uma autoridade papal absolutista que ironicamente se tornou comum entre os católicos depois do Concílio Vaticano I.

41 *De Caritate*, disp. XII, secc. 1: "si nollet tenere cum toto Ecclesiae corpore unionem et conjunctionem quam debet, ut si tentaret totam Ecclesiam ex communicare, aut si vellet omnes ecclesiasticas caeremonias apostolica traditione firmatas evertere." É importante notar aqui que, quando se trata dos elementos mais antigos dos ritos litúrgicos, muitas vezes não temos forma de saber quais são de instituição meramente eclesiástica e quais são de instituição divina, apostólica ou subapostólica—o que torna ainda mais crucial não eliminar nenhum deles. A sabedoria de vários bispos do século XIX, ao explicar a invalidade das ordens anglicanas, pode aqui ser invocada. Depois de terem dito que as Igrejas locais ou regionais poderiam *adicionar* coisas à liturgia para o seu enriquecimento ou adorno, observam: "Que

também lhes tenha sido permitido subtrair orações e cerimónias anteriormente em uso e até remodelar os ritos existentes de forma drástica é uma ideia da qual não conhecemos qualquer fundamento histórico e que nos parece absolutamente inverosímel... Aderindo rigidamente ao rito que nos foi transmitido podemos sempre sentir-nos seguros; ao passo que, se omitirmos ou alterarmos alguma coisa, talvez estejamos a abandonar precisamente aquele elemento que é essencial". Ver *A Vindication of the Bull "Apostolicæ Curæ"* (Londres: Longmans, Green, and Co., 1898), 44, 42.

42 Atanásio, *Encyclical Letter*, trad. M. Atkinson e Archibald Robertson, *Nicene and Post-Nicene Fathers*, Second Series, vol. 4, ed. Philip Schaff and Henry Wace (Buffalo, NY: Christian Literature Publishing Co., 1892), rev. e ed. para *New Advent* por Kevin Knight. Por "formas" está-se a referir à oração e ao culto públicos, a *lex orandi*.

43 Nas inolvidáveis palavras de São Vicente de Lérins, *Commonitory* cap. 3, n. 7: "O que [fará um cristão Católico], se algum contágio de novidade procurar infectar não apenas uma porção insignificante da Igreja mas o seu todo? A sua obrigação passará, então, por apegar-se à antiguidade, que não pode ser seduzida por qualquer fraude de novidade" (trad. C.A. Heurtley, *Nicene and Post-Nicene Fathers*, Second Series, vol. 11, ed. Philip Schaff e Henry Wace [Buffalo, NY: Christian Literature Publishing Co., 1894], rev. e ed. para *New Advent* por Kevin Knight). *Sabe-se com certeza* ser plena e autenticamente Católica a liturgia romana que recebemos. A mesma certeza não pode ser concedida aos produtos do Consilium de Annibale Bugnini, com as suas escandalosas novidades e arqueologismos arbitrários. Os críticos da Missa em latim têm argumentado que algumas das práticas

Notas Finais

mais característica desta, tais como receber a comunhão na boca e de joelhos, representam um desvio da "tradição" praticada anteriormente e, portanto, minam a ideia de que esta Missa é a mais tradicional. Este não é um argumento sério. As práticas posteriores emergiram logicamente das anteriores, seguindo as suas implicações: assim, um enfoque mais intenso no mistério da transubstanciação e da Presença Real levou a sinais cada vez mais reverentes. A tradição não foi destruída mas aprofundada, à medida que a Igreja progredia a partir uma *boa* maneira de fazer ou dizer algo para uma *melhor* maneira ainda—quer absolutamente (como com o ajoelhar-se para receber na boca, o que no Ocidente é um sinal de adoração e humildade) ou melhor em relação às legítimas preocupações pastorais (como comungar apenas sob a espécie de pão). O apelo de Vincent à antiguidade, longe de ser um apelo simplista a um momento histórico aleatório, tem em conta as consequências lógicas da fé da Igreja.

44 *Mitre & Crook* (Brooklyn, NY: Angelico Press, 2019), 117.
45 *From Benedict's Peace to Francis's War*, , 220. O P. John Hunwicke comenta que: "A Igreja Católica, mais do que muitos organismos eclesiais, tem um sentido profundamente enraizado do Direito. Isto facilmente leva Católicos Romanos a subestimar a força da *auctoritas* [ou seja, a autoridade inerente a algo que goza de uma aceitação duradoura e generalizada]. Mas Bento XVI apelava directamente à *auctoritas* quando escreveu: 'Aquilo que para as gerações anteriores era sagrado, permanece sagrado e grande também para nós, e não pode ser de improviso totalmente proibido ou mesmo prejudicial.'" (ibid., 33).
46 "On the Credibility of the Catholic Church," in *From Benedict's Peace to Francis's War*, 296; a citação interna é da Carta aos Bispos, de 7 de Julho, 2007, de Bento XVI.

A Verdadeira Obediência na Igreja

47 Ver o meu artigo "Does *Traditionis Custodes* Lack Juridical Standing?," *From Benedict's Peace to Francis's War*, 74-78.
48 *From Benedict's Peace to Francis's War*, 168.
49 Ver Joseph Shaw, "St. Pius V and the Mass," *Voice of the Family*, October 6, 2021.
50 São Pio V não criou um novo conjunto de livros litúrgicos mas codificou o mais cuidadosamente possível a prática histórica da Igreja de Roma, uma *lex orandi* plenamente expressiva da Fé Católica que estava então sob ataque dos Protestantes. Estabeleceu solenemente este rito da Missa como *regula fidei* pela sua Constituição Apostólica *Quo Primum* de 14 de Julho de 1570. Esta Bula foi republicada em edições posteriores do missal pelos seus sucessores papais, como sinal de continuidade na *lex orandi*, precisamente para que a *lex credendi* pudesse ser totalmente preservada e transmitida" ("Does *Traditionis Custodes* Lack Juridical Standing?", em From Benedict's Peace to Francis's War, 75). Um decreto meramente disciplinar suplanta os seus equivalentes anteriores pelo próprio facto de ser publicado, o que explica porque é que um novo documento deste tipo nunca reproduziria o conteúdo do decreto *anterior* que substitui. O argumento que vê *Quo Primum* como moral e dogmático foi avançado e defendido pelo P. Gregory Hesse; para um resumo, ver Michael Baker, "The Status of the *Novus Ordo Missae*", *Super Flumina Babylonis*, 21 de Fevereiro de 2021. A minha citação do ensaio de Baker não significa que concordo com todas as suas conclusões, como também não concordaria com todas as de Hesse.
51 Pius V, *Quo Primum*; o texto [em inglês] é retirado de *Papal Encyclicals Online*, uma vez que não se encontra no *website* do Vaticano. Deve ser reconhecido que precisamente o mesmo

argumento relativo ao *Missale Romanum* pode e deve ser feito a respeito de todos os ritos e cerimónias tradicionais contidos no *Rituale Romanum* e no *Pontificale Romanum*. Todos eles são a autêntica *lex orandi* da Igreja Romana, exprimindo a sua *lex credendi*.

52 Há aqueles que dizem "Oh, isso é apenas linguagem padrão dos documentos papais, que se pode encontrar em todo o tipo de textos que estabelecem coisas que são mais tarde anuladas".

Sim e não. É preciso olhar não só para a linguagem, mas também para a natureza das coisas para as quais a linguagem aponta. Dizer que uma lei disciplinar como esta nunca deve ser alterada não impediria um futuro Papa com igual autoridade de a modificar; mas na *Quo Primum* estamos a lidar com mais do que a disciplina: estamos a lidar com a transmissão da fé da Igreja na sua forma mais antiga, com mais autoridade e mais normativa, que tem precedência sobre o próprio Magistério. Porque descreveria São Pio V um rito litúrgico numa linguagem tão repetida, enfática e solene, se não tivesse a intenção de transmitir que este rito é a expressão litúrgica da fé da Igreja Romana de todos os tempos, para todos os tempos? Obviamente que isso não exclui aditamentos como a festa de Cristo Rei, pequenas modificações como elevar ou reduzir a posição de um determinado santo no calendário, ou mudanças de acordo com a trajectória da devoção, como ajoelhar-se em vez de se colocar de pé para a Sagrada Comunhão, mas torna certamente impossível a ideia de abolir completamente um rito imemorial, ou "modificá-lo" a tal ponto que o resultado final equivale ao seu repúdio (ver o devastador artigo de Matthew Hazell, "All the Elements of the Roman Rite'? Mythbusting, Part II," *New Liturgical Movement*, 1 de Outubro de 2021).

A Verdadeira Obediência na Igreja

 É por isso que a inclusão da nova Semana Santa de Pio XII na *editio typica* do *Missale Romanum* de 1962 faz com que esse missal esteja em contradição com o seu prefácio *Quo Primum*, que a Semana Santa Pacelliana desafia implicitamente, na medida em que é uma ruptura da Tradição Católica e, portanto, um pecado contra a Providência litúrgica de Deus. Os tradicionalistas que procuram ser coerentes com os seus princípios devem utilizar a Semana Santa pré-55, para a qual não é necessária qualquer permissão. Para obter informação histórica, ver os meus artigos "Coincidences during the reign of Pius XII? Political background to Vatican II and liturgical changes" (*Life Site News*, May 25, 2021) and "Lights and Shadows in the Pontificate of Pius XII" (*OnePeterFive*, 22 de Setembro de 2021).

53 Ver a Bula *Iniunctum Nobis* de 1564 imitida pelo antecessor de Pio V, Pio IV.

54 Para uma defesa em grande escala, ver a minha palestra mencionada anteriormente na nota 25, "Beyond Smells and Bells", assim como as palestras "Two 'Forms' of the Roman Rite: Liturgical Factor Canonical Fiat?" (*Rorate Caeli*, September 14, 2020) e "Beyond *Summorum Pontificum*: The Work of Retrieving the Tridentine Heritage" (*Rorate Caeli*, July 14, 2021).

55 Numa entrevista com Carlos Herrera na Rádio COPE, Francisco disse: "Depois deste motu proprio, um padre que a queira celebrar não está nas mesmas condições que antes—que foram por nostalgia, por desejo—e por isso ele tem de pedir autorização a Roma. Uma espécie de autorização para o bi-ritualismo, que é dada apenas por Roma. [Como] um padre que celebra no rito oriental e no rito latino, ele é bi-ritual mas com a autorização de Roma" (transcrição aqui: www.vaticannews.va/en/pope/

news/2021-09/pope-after-operation-it-never-crossed-my-mind-to-resign.html). Numa conversa com Jesuítas na Eslováquia, disse: "De agora em diante, aqueles que querem celebrar segundo a *vetus ordo* devem pedir autorização à [sic] como se faz com o bi-ritualismo" (transcrição aqui: www.laciviltacattolica.com/freedom-scares-us-pope-francis-conversation-with-slovak-jesuits/).

56 O Bispo Schneider diz sem rodeios: "A crescente difusão das celebrações da Missa Tradicional revela a todos que existe—após uma análise honesta e mais atenta—uma verdadeira ruptura entre os dois ritos tanto ritual como doutrinalmente. O rito tradicional é, por assim dizer, uma censura constante às autoridades da Santa Sé, dizendo: 'Fizestes uma revolução na liturgia...'". Traduzido de "Entretien exclusif de Mgr. Athanasius Schneider à MPI", *Médias-Presse-Info*, 24 de Setembro de 2021.

57 O novo missal do Papa Paulo VI tem semelhanças alarmantes com o rito de Cranmer, como pode ser facilmente observado em qualquer comparação desinteressada. Tabelas úteis para este fim podem ser encontrados em www.whispersofrestoration.com/chart e www.lms.org.uk/missals.

58 William Lilly, "England (Since the Reformation)", *The Catholic Encyclopedia*, ed. especial (New York: The Encyclopedia Press, 1913), 5:449. Para um relato pormenorizado e revelador da revolução litúrgica na Inglaterra do século XVI, ver Michael Davies, *Cranmer's Godly Order: The Destruction of Catholicism through Liturgical Change*, ed. rev. (Ft. Collins, CO: Roman Catholic Books, 1995).

59 "O *Sensus Fidei* na Vida da Igreja" nn. 61-62. O documento encontra-se disponível no website do Vaticano.

60 Ibid., n. 63. O documento cita textos adicionais de São Tomás de Aquino que são dignos de muita consideração. Para mais

comentários, ver Roberto de Mattei, "Resistance and Fidelity to the Church in Times of Crisis", in idem, *Love for the Papacy and Filial Resistance to the Pope in the History of the Church* (Brooklyn: Angelico Press, 2019), 105-30. Infelizmente, como é tão típico dos documentos do Vaticano hoje em dia, o penúltimo parágrafo (§127) é um hino nauseante ao "novo Pentecostes" do Concílio Vaticano II e aos "novos caminhos" do Papa Francisco. Até o bom Homero adormece de vez em quando.

61 Ver John Clark, "Without the Right of Conscience, There Is No Common Good", *Crisis Magazine*, 28 de Setembro de 2021. Como diz Rubén PeretóRivas: "Há um princípio geral do direito natural que se aplica a qualquer autoridade: ordens devem ser racionais. Se uma ordem não é orientada pela razão, não é lei, mas sim força e violência. E embora o papa não possa ser julgado por ninguém na terra, as suas leis ou ordens manifestamente irracionais podem ser resistidas. Por exemplo, mesmo que o Papa não gostasse de pessoas de cor, não poderia suprimir as dioceses africanas; nem poderia ordenar bispo todos os homens da sua família para enaltecer aos Bergoglios. Ainda que não gostasse de *kibbeh* e *sfiha*, não poderia suprimir o rito maronita; e poderíamos dar outros exemplos de irracionalidades que um Papa não poderia fazer—em relação aos quais, se os fizesse, seria lícito, se não obrigatório, resistir-lhe" (From Benedict's Peace to Francis's War, 294).

62 John Henry Newman, *Arians of the Fourth Century*, Note 5: The Orthodoxy of the Body of the Faithful during the Supremacy of Arianism (www.newmanreader.org/works/arians/note5.html). Como leitura adicional, ver a palestra do Cardeal Walter Brandmüller "On Consulting the Faithful in Matters of Doctrine", dada a 7 de Abril de 2018

em Roma (texto integral em www.lifesitenews.com/news/cardinal-brandmueller-talk/).

63 As palavras do Arcebispo Carlo Maria Viganò são comoventes pela sua honestidade: "Confesso-o com serenidade e sem controvérsia: Fui uma das muitas pessoas que, apesar de muitas perplexidades e receios que hoje se revelaram absolutamente legítimas, confiaram na autoridade da hierarquia com obediência incondicional. Na realidade, penso que muitas pessoas, incluindo eu próprio, não consideraram inicialmente a possibilidade de haver um conflito entre obediência a uma ordem da hierarquia e fidelidade à própria Igreja. O que tornou tangível esta separação antinatural, diria mesmo perversa, entre a hierarquia e a Igreja, entre obediência e fidelidade, foi certamente este pontificado mais recente" (*A Voice in the Wilderness*, ed. Brian M. McCall [Brooklyn, NY: Angelico Press, 2021], 175). MassimoViglione coloca o dedo numa fraqueza de alguns círculos "tradicionalistas": "A primeira preocupação deve ser sempre seguir e defender a Verdade, e não o nauseante, obsequioso e escrupuloso servilismo que é o fruto podrido de um tridentinismo mal compreendido" (*From Benedict's Peace to Francis's War*, 110-11).

64 ST I, Q. 79, art. 13.

65 Em "Letter to the Duke of Norfolk," citado in *Catechism of the Catholic Church* (New York: Doubleday, 1995), 1778 [doravante CCC].

66 *Gaudium et Spes* 16, citado in CCC 1779.

67 Citado em CCC 1779.

68 CCC 1777, ênfase acrescentado.

69 *Commentary on John*, trad. J. Weisheipl e F. Larcher (Albany: Magi Books, 1980), capit. 7, lec. 5, n. 1090.

A Verdadeira Obediência na Igreja

70 Ver Marc D. Guerra, "Thomas More's Correspondence on Conscience", *Religion & Liberty*, vol. 10, n. 6, 20 de Julho de 2010, www.acton.org/thomas-mores-correspondence-conscience. No seu *Comentário sobre as Sentenças*, São Tomás diz (*In IV Sent.*, Dist. 38, Q. 2, art. 4, qa. 3) que um homem casado deve estar pronto a morrer excomungado em vez de ter relações conjugais com alguém que um tribunal da igreja decretou ser sua esposa, mas que ele sabe que não é sua esposa, uma vez que "uma vida recta...não deve ser abandonada [mesmo] para evitar escândalos".

71 Para uma excelente discussão Tomística sobre a consciência: como interage com a lei de Deus, porque deve ser seguida e como pode ser abafada ou pervertida, ver J. Budziszewski, *What We Can't Not Know: A Guide*, ed. rev. (San Francisco: Ignatius-Press, 2011). Ver também o discurso profundo do falecido Cardeal Carlo Caffarra, "The Restoration of Man", publicado no *The Catholic World Report*, 20 de Setembro de 2017. Um excerto: "A consciência diz absolutamente: é preciso fazer esta acção; não se deve fazer aquela acção. A voz da consciência confronta a liberdade do homem com um absoluto: um dever absoluto... O homem não se pode dispensar de uma obrigação que o julgamento da consciência lhe impõe: a experiência universal do remorso prova-o.... O facto de o homem sentir que não se pode dispensar de uma obrigação ditada pela sua própria consciência mostra que o seu julgamento fá-lo conhecer uma verdade que é pré-existente à própria consciência. Uma verdade, isto é, que não é verdade porque a nossa consciência a conhece, mas, vice-versa; a nossa consciência conhece-a porque essa verdade existe. Por outras palavras: não é a verdade que depende da consciência, mas a consciência que depende da verdade".

Notas Finais

72 Nas palavras do P. John Hunwicke: "Nenhuma *auctoritas* pode subsistir em actos que subvertam manifestamente a Santa Tradição" (*From Benedict's Peace to Francis's War*, 32).

73 ST I-II, Q. 96, art. 4. Na medida em que "desobediência" designa um vício, a recusa em seguir uma lei injusta não deve ser simplesmente chamada de "desobediência". Como explica o P. Francisco José Delgado: "O Papa não pode mudar a Tradição por decreto ou dizer que a liturgia pós-Vaticano II é a única expressão da *lex orandi* no Rito Romano. Uma vez que isto é falso, a legislação decorrente deste princípio é inválida e, de acordo com a moral católica, não deve ser observada, o que não implica desobediência". Citado em José Antonio Ureta, "The Faithful Are Entitled to Defend Themselves against Liturgical Aggression", in *From Benedict's Peace to Francis's War*, 168.

74 Roberto de Mattei, "2021 in the Light of the Fatima Message and Right Reason," *Rorate Caeli*, January 2, 2021.

75 Sebastian Morello, "Revolution and Repudiation: Governance Gone Awry", in *From Benedict's Peace to Francis's War*, 99. Da mesma forma, o Bispo Schneider escreve: "Um tesouro litúrgico de quase um milénio de idade, válido e muito estimado, não é propriedade privada de um Papa, do qual pode dispor livremente. Portanto, os seminaristas e os jovens padres devem pedir o direito de utilizar este tesouro comum da Igreja e, se lhes for negado este direito, podem mesmo assim utilizá-lo, talvez de forma clandestina. Isto não seria um acto de desobediência, mas sim de obediência à Santa Madre Igreja, que nos deu este tesouro litúrgico. A rejeição firme, por parte do Papa Francisco, de uma forma litúrgica com quase um milénio representa, de facto, um fenómeno de curta duração em comparação com o espírito e a práxis constantes da Igreja" ("A Drasticand Tragic

A Verdadeira Obediência na Igreja

Act " *in From Benedict's Peace to Francis's War*, 147). Numa conferência em Paris, a 25 de Junho de 2021, o Bispo Schneider não hesitou em declarar: "Os fiéis e os padres têm direito a uma liturgia que é a liturgia de todos os santos... Consequentemente, a Santa Sé não tem o poder de suprimir uma herança de toda a Igreja. Isso seria um abuso, mesmo por parte dos bispos. Neste caso, pode-se continuar a celebrar a Missa nesta forma: é uma forma de obediência ... a todos os papas que celebraram esta Missa" (citado por Jean-Pierre Maugendre"Francis: The Pope of Exclusion" in *From Benedict's Peace to Francis's War*, 62).

76 O Arcebispo Viganò tem alguns bons conselhos sobre como navegar a situação: "A resposta a qualquer limitação ou proibição da celebração da Missa tradicional deve obviamente ter em conta tanto os elementos objectivos como as diferentes situações: se um padre tem como Ordinário um inimigo jurado do rito antigo que não tem escrúpulos em suspendê-lo *a divinis,* caso celebrasse a Missa Tridentina, a desobediência pública poderia ser uma forma de tornar claro o abuso do Ordinário, especialmente se a notícia fosse divulgada pelos meios de comunicação social: os Prelados têm muito medo da cobertura mediática a respeito das suas acções e, por vezes, preferem abster-se de medidas canónicas apenas para evitar aparecerem nos jornais. O padre deve, portanto, considerar se a sua acção será mais eficaz com um confronto justo e directo ou agindo com discrição e escondendo-se. Na minha opinião, a primeira opção é a mais linear e transparente e a que mais responde ao comportamento dos Santos, ao qual devemos obedecer" (*"Lapides Clamabunt"*, in *From Benedict's Peace to Francis's War*, 203-4).

77 Deve-se notar a este respeito que tanto o Cardeal Josyf Slipyj como o Cardeal Karol Wojtyła realizaram ordenações secretas

devido à sua convicção interior de que o bem da Igreja por detrás da Cortina de Ferro o exigia; o Arcebispo Marcel Lefebvre ofereceu a mesma defesa do seu próprio passo dramático (embora publicamente). Ver o meu artigo "Clandestine Ordinations Against Church Law: Lessons from Cardinal Wojtyła and Cardinal Slipyj", *OnePeterFive*, 13 de Outubro de 2021.

78 Ver P. John P. Lovell, "What Is a Canceled Priest?", *OnePeterFive*, 4 de Outubro de 2021. Deixem-me enfatizar: Estou a falar de um padre que é punido *apenas* pela "culpa" da adesão à tradição litúrgica, que não é uma culpa mas uma virtude resplandecente—por exemplo, um padre que é suspenso apenas por continuar a dizer a Missa tradicional em latim, depois do Ordinário local a ter ousado proibir; ou um padre que é afastado da sua pastoral e de quaisquer deveres paroquiais porque já não pode, em boa consciência, distribuir a Sagrada Comunhão na mão. Invariavelmente, a maioria dos superiores, em casos como este, inventam acusações falsas de modo a desviarem a atenção da verdadeira questão.

O princípio de "o que é dado livremente pode ser tirado livremente" deve ser devidamente compreendido. Nenhum homem tem o direito absoluto de se tornar padre e nenhum padre tem o direito absoluto de oferecer a Missa ou celebrar os outros sacramentos. Mas se compreendermos que o próprio objectivo do sacerdócio é oferecer o santo sacrifício, reconciliar os pecadores, acrescentar novos membros à Igreja, etc., então seria absurdo, quando um homem é ordenado sacerdote, impedir o seu ministério—isto é, o ministério *de Cristo* n'Ele e através d'Ele—a não ser que ele seja realmente culpado de actos ilícitos (por exemplo, heresia, cisma, abuso sexual). Seria, portanto, mais correcto dizer: "o que é dado gratuitamente

A Verdadeira Obediência na Igreja

para X não deve ser tirado, a menos que X seja violado" ou, por outras palavras, "o que é dado gratuitamente para o bem comum da Igreja e o bem de cada um dos fiéis de Cristo não pode ser tirado, a menos que o destinatário desse dom actue contra o bem comum ou contra o bem dos fiéis". Isto remete-nos directamente para a questão da *bonum commune* da Igreja, que não pode ser dissociada (nas palavras de Pio IV, falando do Rito Romano tradicional) "das cerimónias recebidas e aprovadas pela Igreja Católica na administração solene de todos os sacramentos".

79 A argumentação convencional seria que se as faculdades de um padre tivessem sido retiradas, ele poderia continuar a oferecer validamente (mas ilicitamente) a Santa Missa, baptizar, conferir os Últimos Ritos, e confirmar (se o fizer no momento do Baptismo ou de recepção na Igreja), mas não poderia dar uma absolvição sacramental válida excepto em caso de emergência e não poderia servir como testemunha de um casamento sacramental válido. Sem querer negar que existem complicadas questões canónicas envolvidas, não podemos deixar de reconhecer o elefante na sala: a Fé Católica tradicional está sob uma agressão sem precedentes por parte daqueles que deveriam ser os seus principais custódios e defensores. Isto já cria uma emergência generalizada que não precisa de ser "declarada" como tal. (Quem o declararia? Certamente não os modernistas de lavanda que se encontram em posições de mais alta autoridade e que beneficiam, ou pelo menos aprovam, a dissolução da fé e da moral Católica). O direito fundamental dos baptizados a uma vida sacramental tradicional, sendo de direito divino, nunca poderá ser comprometido por qualquer apelo ou aplicação das leis humanas, seja qual for a sua autoridade em si. A lei não

Notas Finais

prevê todas as situações, e sem dúvida que os princípios canónicos de equidade e *epikeia* devem entrar em jogo. A lei canónica existe para facilitar a glorificação de Deus e a santificação do Seu povo e não para criar impedimentos e obstruções a estes. Para mais argumentos em apoio a esta posição ver o meu artigo "Have There Been Worse Crises Than This One?," *OnePeterFive*, 13 de Janeiro de 2021.

80 *Voice in the Wilderness*, 253. Mais uma vez: "O cancelamento do passado e da Tradição, a negação das raízes, a deslegitimação da dissidência, o abuso da autoridade e o aparente respeito pelas regras: não serão estes os elementos recorrentes de todas as ditaduras?" (ibid., 229).

81 *From Benedict's Peace to Francis's War*, 199-200. Sobre o clero "conservador" que tentaria sobreviver com uma "*Novus Ordo* reverente", MassimoViglione diz com razão: "Mais cedo ou mais tarde, mesmo esses padres encontrar-se-ão na encruzilhada de ter de escolher entre a obediência ao mal ou a desobediência ao mal para se manterem fiéis ao Bem. O pente da Revolução, tanto na sociedade como na Igreja, não deixa nenhum nó". Ver o meu artigo "Why Restricting the TLM Harms Every Parish Mass", *From Benedict's Peace to Francis's War*, 287-91.

82 Como disse Martin Mosebach numa entrevista a 4 de Outubro de 2021: "A hostilidade dos actuais círculos governantes na Igreja contra a tradição é incondicional—não descansarão até que a tradição seja completamente destruída. O Papa Francisco, ao que parece, disse-o outro dia: 'A tradição está-nos a matar'. Ele não sabe o quão certo está: Sim, a tradição julgá-lo-á mais cedo ou mais tarde, porque é a essência da Igreja, porque é também a base do papado, que não existe sem Tradição" (Maike Hickson, "'Legitimate illegality': Famed Catholic author on how

A Verdadeira Obediência na Igreja

to defend tradition", *Life Site News*, 4 de Outubro de 2021). Devemos ter a clarividência de reconhecer que o papado está neste momento a sofrer uma mutação cancerígena, não de tal forma que o cargo seja destruído (pois isso seria impossível), mas que se está a perverter na prática e a agir contrariamente à sua própria função no Corpo Místico. O motu proprio *Traditionis Custodes* é manifestamente um ataque ao património da Igreja e ao seu bem comum. Isto significa que a obediência a *este* Papa relativamente a *estes* assuntos seria uma desobediência a Cristo e ao papado enquanto tal. É por isso que, mesmo mantendo o necessário critério de comunhão com Roma, escolhas práticas motivadas por auto-defesa legítima e resistência proporcional a males graves podem ter uma semelhança com os passos que foram dados pelo Arcebispo Lefebvre e que têm sido dados pela Fraternidade Sacerdotal de S. Pio X.

83 *From Benedict's Peace to Francis's War*, 161. Em 1998, a Congregação para a Doutrina da Fé publicou uma reflexão intitulada "O Primado do Sucessor de Pedro no Mistério da Igreja" (disponível no *site* do Vaticano), que sublinha vários pontos-chave: "O Romano Pontífice está como todos os fiéis submetido à Palavra de Deus, à fé católica...noutros termos, a *episkopè* do Primado tem os limites que procedem da lei divina e da inviolável constituição divina da Igreja, contida na Revelação... Pelo carácter supremo do poder do Primado, não há instância alguma a que o Romano Pontífice deva responder juridicamente a respeito do exercício do seu ofício: "*Prima sedes a nemine iudicatur*"[a primeira Sé não pode ser julgada por ninguém]. Todavia, isto não significa que o Papa tenha um poder absoluto... A última e inderrogável responsabilidade do Papa encontra garantia por um lado na sua inserção na Tradição e na comunhão fraterna,

Notas Finais

por outro na confiança na assistência do Espírito Santo que governa a Igreja" (nn. 7 e 10). Esta última frase traz-nos de volta à discussão, acima referida, da normatividade da Tradição e do papel do Espírito Santo na história da Igreja, especialmente no desenvolvimento orgânico da sua liturgia.

84 O controlo estatal sobre funções eclesiásticas foi proscrito no Sílabo dos Erros (1864) do Papa Pio IX, que condenou a proposta: "A autoridade civil pode envolver-se nas coisas relativas à religião... [e], tem poder para decretar a respeito da administração dos divinos Sacramentos e das disposições necessárias para os receber." (n. 44). O facto de o clero também não poder recusar a Missa ou os Sacramentos aos fiéis Católicos bem intencionados é um princípio desde há muito estabelecido no Direito Canónico (ver CIC [1983] 213-14, 384, 519, 528.2), embora se tenha tornado recentemente um tema de debate. Para uma perspectiva razoável e do ponto de vista da fé de um bispo sobre este assunto, recomendo a entrevista de Diane Montagna no *The Remnant* de 27 de Março de 2020, "Bishop Athanasius Schneider on Church's Handling of Coronavirus".

85 Da entrevista mencionada na nota anterior.

86 As recentes proibições generalizadas da Missa em nome de uma "crise de saúde pública" não só são inéditas na história da Igreja, como também ocultam uma concepção da Missa perigosamente Protestante. Tal como definido pelo Concílio de Trento, o fim primário da Missa não é servir como uma função social ou refeição comunitária em benefício dos participantes (embora sirva também esses fins), mas sim ser um *monumento divino*, "um sacrifício visível, tal como a natureza do homem exige", por meio do qual esse sacrifício cruento, uma vez realizado na cruz, venha a ser representado, a sua memória permanece

até ao fim do mundo, e os seus efeitos salutares aplicados à remissão daqueles pecados que cometemos diariamente" (ver *The Canons and Decrees of the Council of Trent*, trad. Rev. H. J. Schroeder, O.P. [Rockford, IL: TAN Books, 1978], Sessão 22, cap. 1, pp. 144-45). Por outras palavras, a Missa deve continuar como o sacrifício diário agradável a Deus por parte da Igreja, independentemente das condições externas que possam existir. O papel da prudência não é cancelar a Missa ou o acesso sacramental, ou limitá-los severamente, mas determinar a melhor forma de assegurar a sua *continuação* ininterrupta segundo as circunstâncias. Existe uma perversão teológica mais profunda que explica a disponibilidade para suspender os sacramentos, a saber, a influência generalizada de um relato modernista dos sacramentos como "teatro da salvação" em que simbolicamente encenamos e recordamos o que objectivamente já se passou no "acontecimento de Cristo"; em suma, os sacramentos não *efectuam* a nossa salvação, mas apenas nos lembram de uma salvação já realizada. Daí que não sejam mais do que produções teatrais. Para uma análise completa, ver Thomas Pink, "Vatican II and Crisis in the Theology of Baptism", publicado no *The Josias* a 2, 5, e 8 de Novembro de 2018.

87 Como diz o Arcebispo Carlo Maria Viganò: "Se celebrar apenas a Missa Tridentina e se pregar a sã doutrina sem nunca mencionar o Concílio, o que é que eles lhe podem fazer? Expulsar-vos das vossas igrejas, talvez, e depois o quê? Nunca ninguém poderá impedir-vos de renovar o Santo Sacrifício, mesmo que seja num altar improvisado numa cave ou num sótão, como os padres refractários fizeram durante a Revolução Francesa, ou como acontece ainda hoje na China. E se eles tentarem distanciá-lo, resista: a lei canónica serve para garantir o governo da Igreja na

Notas Finais

prossecução dos seus objectivos primários, e não para o demolir. Deixemos de temer que a culpa do cisma seja daqueles que o denunciam, e não daqueles que o realizam: os cismáticos e os hereges são aqueles que ferem e crucificam o Corpo Místico de Cristo, não aqueles que a defendem denunciando os algozes"! (*Voice in the Wilderness*, 203).

88 Por exemplo, vemos hoje que o trabalho do clero da FSSPX, que persistiu sem aprovação ou autorização eclesiástica oficial, trabalhando sob irregularidades canónicas durante décadas, tem sido lentamente vindicado, à medida que a política do Vaticano em relação a eles passou da hostilidade directa para a tolerância resignada à aceitação benevolente (embora a situação exacta no terreno varie muito de lugar para lugar). Para detalhes, ver o meu artigo "Is It Ever Okay to Take Shelter in an SSPX Mass?", *OnePeterFive*, 3 de Abril de 2019. Para outros casos em que as decisões papais foram anuladas e a aparente desobediência justificada, ver Timothy Flanders, "Why the Term 'Extraordinary Form' is Wrong", *The Meaning of Catholic*, 9 de Agosto de 2019. O argumento linguístico de Flanders foi confirmado (embora com uma compreensão totalmente contrária das realidades) pela abolição efectiva da terminologia de "formas ordinárias e extraordinárias" da Missa por parte do Papa Francisco.

89 *From Benedict's Peace to Francis's War*, 67.

90 *From Benedict's Peace to Francis's War*, 330-31.

91 Ver Actos 5,40-42: "E concordaram com ele. E, chamando os apóstolos e tendo-os açoitado, mandaram que não falassem no nome de Jesus e os deixaram ir. Retiraram-se, pois, da presença do conselho, regozijando-se de terem sido julgados dignos de padecer afronta pelo nome de Jesus. E, todos os dias, no templo e nas casas, não cessavam de ensinar, e de anunciar a Jesus Cristo."

92 Ver Bronwen McShea, "Bishops Unbound: The History behind Today's Crisis of Church Leadership," *First Things*, January 2019.
93 De facto, se não tivermos cuidado, vamos cair num par de erros condenados pelo Papa Pio IX no Sílabo dos Erros: "O direito firma-se no facto material; todos os deveres do homem são palavras vãs, e todas as acções humanas têm força de direito" (59) e "Uma injustiça de facto, coroada de bom êxito, em nada prejudica a santidade do direito" (61). MassimoViglione comenta: "Devemos ser '*não como para agradar aos homens mas a Deus, que prova os nossos corações*' (1 Ts 2,4). Exactamente! Portanto, quem quer que obedeça aos homens, estando ciente de facilitar o mal e obstruir o Bem, quem quer que seja—incluindo a hierarquia eclesiástica, incluindo o Papa—na realidade torna-se cúmplice do mal, da mentira e do erro. Quem obedece nestas condições, desobedece a Deus. '*Não é o servo mais do que o seu senhor*' (Mt 10,24)" (*From Benedict's Peace to Francis's War*, 110).
94 *The Great Betrayal: Thoughts on the Destruction of the Mass* (Waterloo, ON: Arouca Press, 2021), 71-72. Por "ecumenistas" entende-se os membros do Consilium que queriam tornar a Missa Nova o mais próximo do culto Protestante e o mais aceitável possível para os Protestantes. Para algumas provas surpreendentes neste sentido, ver Sharon Kabel, "Catholic fact check: Jean Guitton, Pope Paul VI, andtheliturgicalreforms," 7 de Dezembro, 2020, https://sharonkabel.com/post/guitton/.
95 Ver o artigo mencionado na nota 77.

Sobre o Autor

Peter Kwasniewski é licenciado em Artes Liberais pelo Thomas Aquinas College e tem um mestrado e doutoramento em Filosofia pela Catholic University of America, com especialização no pensamento de São Tomás de Aquino. Depois de leccionar no Instituto Teológico Internacional na Áustria, juntou-se à equipa fundadora do Wyoming Catholic College, onde ensinou teologia, filosofia, música e história de arte e dirigiu o coro e a *schola* até 2018. Hoje em dia é escritor a tempo inteiro e orador público. O seu trabalho pode ser encontrado em websites e publicações periódicas como *The New Liturgical Movement, OnePeterFive, Rorate Caeli, The Remnant, Catholic Family News* e *Latin Mass Magazine*. O Dr. Kwasniewski tem escrito extensivamente em locais académicos e populares sobre teologia sacramental e litúrgica, história e estética da música, Doutrina Social Católica e temas da Igreja contemporânea. Escreveu ou editou dezasseis livros, incluindo o mais recente *From Benedict's Peace to Francis's War*

(Angelico, 2021) e *Ministers of Christ: Recovering the Roles of Clergy and Laity in an Age of Confusion* (Crisis Publications, 2021). As suas obras estão traduzidas em pelo menos dezoito línguas. Para mais informações, visite o seu website: www.peterkwasniewski.com.

Made in the USA
Columbia, SC
26 March 2023